接话有招

肖潇————编著

民主与建设出版社

·北京·

图书在版编目（CIP）数据

接话有招 / 肖潇编著 . -- 北京：民主与建设出版社 , 2024.4
　　ISBN 978-7-5139-4595-0

　　Ⅰ . ①接… Ⅱ . ①肖… Ⅲ . ①语言艺术—通俗读物
Ⅳ . ① H019-49

中国国家版本馆 CIP 数据核字（2024）第 087838 号

接话有招
JIEHUA YOUZHAO

编　　著	肖　潇	
责任编辑	廖晓莹	
装帧设计	尧丽设计	
出版发行	民主与建设出版社有限责任公司	
电　　话	（010）59417747　59419778	
社　　址	北京市海淀区西三环中路 10 号望海楼 E 座 7 层	
邮　　编	100142	
印　　刷	衡水翔利印刷有限公司	
版　　次	2024 年 4 月第 1 版	
印　　次	2024 年 5 月第 1 次印刷	
开　　本	670mm×950mm　1/16	
印　　张	14	
字　　数	150 千字	
书　　号	ISBN 978-7-5139-4595-0	
定　　价	56.00 元	

注：如有印、装质量问题，请与出版社联系。

前言

接话，是一门沟通的艺术，而沟通少不了问答，往往一问一答的形式贯穿了整个沟通的过程，因此如何机智地回答对方的问题便成了接话的关键。虽然，有时候对方提出的不是问题，而是观点，不过回应的原则还是一样的，就是要在保障沟通流畅的基础上，尽可能多地展示自己的机敏和智慧。

中国人对"嘴上功夫"的重视自古皆然，舌绽莲花挽狂澜于既倒者不在少数。古有游说六国合纵抗秦的苏秦，有使范雎拱手让出相位的蔡泽，有舌战群儒促成吴蜀联盟的诸葛亮……他们用事实证明，口才的力量有时能够扭转大局。

在现实生活中，我们也会面对别人抛出的各种各样的问题，思考如何解决、如何拒绝，无论如何，都要做出回应，而你的回应可能让你在社交中迈出一大步。每一次接话既可能是一次成功的机遇，也可能是一次失败的经验。当练习过无数次之后，你会发现，接话就是中国式沟通智慧的体现。

面试时，如果你比别人回答得更好，可能就会比别人更容易得到机会；工作中，如果你比别人回答得更令人满意，可能就比别人拥有更大的晋升空间；生活中，如果你比别人回答得更有分寸，可能就会和他人更亲密；商业领域中，如果你的回答能够令客户更加信服，可能就会在竞争中胜出。

接话是一门语言艺术，是沟通的关键组成部分。而沟通是一个双向互动的过程，这不仅仅是最起码的交际需要，也是沟通得以继续的保证。接话有术可以彰显你的个人魅力，提高你的社交能力，可是为什么有人能做到对答如流，而你却总是不知道该怎样回答别人呢？

不必总是羡慕别人对答如流、妙语横生，其实，接话并没有那么难，人人都可以成为谈话高手。真理总是简单的，智慧总是质朴的。本书内容文约旨丰，书中的应答思维和回答技巧将助你一臂之力，帮助你将自己的经验和知识自如地运用到接话环节，以彰显出你独特的魅力。

本书结合经典案例进行剖析，将回答的技巧与思维贯穿于本书始末。全书前五章介绍接话的基本逻辑与理论方法，使读者对接话的思维流程形成整体的认知。后五章具体介绍不同场合中巧妙的应答方式，针对现实问题，总结各种经验技巧，以帮助读者解决实际问题，实实在在地提高接话的能力。

总而言之，本书虽然属于口才类书籍，但内容更偏重于解决生活和工作中的实际问题。而问题的根源就在思维模式上，因此更注重接话的逻辑思维的养成。很多问题并不需要你给出正确的答案，而在于你用什么方式去回答。再进一步说，方法与技巧是死的，思维却是活的。面对不同的人、不同的场合，学会灵活运用接话的技巧，就是本书所能给予读者的珍贵礼物。

最后，无论你是什么身份，扮演着什么角色，都希望你能够认真阅读本书，提高自己的接话能力，在生活和职场中越来越游刃有余，无论遇到什么难题都能从容彰显个人魅力。

目录

第一章

不打无准备之仗

——好好接话，你准备好了吗

俗话说："兵马未动，粮草先行。"一问一答无异于两军交战，是否能够回应各种难以回答的问题，是否能够做出完美的回答，取决于你回答问题的准备工作做得够不够充分。为什么生活中有些问题我们能对答如流呢？原因很简单，因为我们有经验，因为我们经常回答。难以回答的问题，则恰恰相反。

动刀之前，你得先学会用刀

▶ 回答问题就如同用刀，动刀之前你得先学会用刀。有些人回答问题就像一名刀客，防守时密不透风，反击时力运千钧，而有些人则拿着刀，将自己砍得满身是伤。

美国著名谈判家荷伯·科恩与妻子去墨西哥城旅游时，妻子对他说道："我看到那边好像有什么东西在闪光！"

"我们不去那儿。"荷伯解释道，"那是一个专门欺骗旅游者的商业区，我们来游玩是为了领略一种不同的文化风俗，如果你想进那商业区的话，你去吧，我会在旅馆里等你。"

妻子走后，荷伯独自朝旅馆走去。这时一个当地土著小贩披着几件披肩毛毯，对他呼喊："1200 比索！"

荷伯说："朋友，我确实敬佩你的主动、勤奋和坚持不懈的精神。但是，我不想买披肩毛毯，请你到别处卖吧。你能听懂我的话吗？"

然而，土著小贩一直跟着他，价格也是一降再降。直至荷伯怒气冲冲地对土著小贩说："我告诉你我不买！别跟着我了！"

土著小贩从荷伯的态度和声调中听懂了他的话，说："好吧，你胜利了，200 比索！只对你！"

"你说什么？"荷伯问道。

"200 比索！"土著小贩重复道。

"给我一件，让我看看。"

经过一番讨价还价，最终披肩毛毯的成交价是 170 比索。

荷伯回到旅馆房间，发现妻子已经回来了，正躺在床上读杂志。

"嗨，看我弄到了什么？"他有点得意。

"你弄到什么了？"她问道。

"一件漂亮的披肩毛毯！"

"多少钱？"妻子顺口问道。

"是这么回事……"荷伯充满信心地讲述了他只花 170 比索就买到了这件披肩的事。

妻子听后笑道："太有趣了，我买了同样一件，花了 150 比索，在橱窗里。"

这个小故事是美国著名谈判专家荷伯·科恩在其《人生与谈判》一书中记叙的一次自身的教训。故事中的土著小贩虽然不是谈判专家，却说服了一个国际型谈判专家。那么，他是怎样做到的呢？

土著小贩之所以能够说服荷伯，主要原因就在于他做了充分的准备。很明显小贩对于向游客兜售产品非常有经验，虽然荷伯怀有警惕之心，但在应对策略方面，显然并没有做好充分的准备。因此，小贩说服谈判专家购买自己的产品，也就不足为奇了。

应答作为串联沟通环节的纽带，往往能成为沟通过程中的点睛之笔。事实上，在我们惊叹于某人机智幽默、知识面颇丰、对答如流的时候，却看不到这些人为应答都积累了哪些知识并做了哪些准备。

人的大脑储存的信息是有限的，我们无法做到对任何问题都能从大脑中找到所需的资料，并做出完美的回答。但是，我们可以锻炼自己的思维，提高对不同场合可能会出现的问题的预见性，并针对主要难点做好充分的准备。例如，黄渤在《时尚芭莎》杂志举办的芭莎慈善夜与记者这样对话：

记者："黄晓明婚礼会去吗？"
黄渤："应该。"
记者："准备了什么新婚大礼？"
黄渤："这个不好想，人家什么都有了，送他一句祝福暖心的话就可以了。"
记者："没红包啊？"
黄渤："不知道他现场会不会发。"

机智幽默的应答，源自经验的累积和充分的准备，哪些场合会遇到哪一类问题，我们是可以提前做出判断，并提前准备的。例如：休假回家，父母亲朋会问的问题有哪些？不外乎工作、婚姻、孩子等。

回答问题就如同用刀，动刀之前你得先学会用刀。有些人回答问题就像一名刀客，防守时密不透风，反击时力运千钧，而有些人则拿着刀，将自己砍得满身是伤。就像荷伯·科恩一样，谈判专家也不是无所不能的，也需要不断完善自己，不断在生活中学习，从实践中学习，而这一切，都需要我们付出努力。

对答如流，让准备成为习惯

> ► 不管对方提出什么问题，只要我们时刻准备进入状态，就能留给大脑反应的时间，从容不迫地应对。

有一次，某医疗机械厂的厂长与国外客户关于引进输液管生产线的谈判已经顺利结束，正式签约定在了第二天。

厂长陪同客户进入生产车间进行参观，参观时这位厂长向墙角吐了一口痰，然后用皮鞋底去擦，这一幕刚好被外国客户看到。

外国客户思考了一夜，最终他让翻译给那位厂长送去了一封信。信中说："恕我直言，一个厂长的卫生习惯可以反映工厂干部们的管理素质。况且，我们今后要生产的是用来治病的输液管，这是人命关天的事情。请原谅我的不辞而别……"

一项已谈成的生意，就这样被厂长的一口痰"吐掉"了。

有些人会说，上述案例与问答没有任何关系啊。这里我们要说的是习惯和行为。习惯的力量是不容忽视的。好习惯可以让人更容易把握住机会，坏习惯也能破坏自己的形象。回答问题也是如此，只有让准备变成习惯，你才能在遇到各种难题时应对自如。另外，虽然语言是回答问题的主要途径，但一个人的行为、动作、表情等，都会影响回答的效果，甚至可以代替语言进行回答。

案例中这位厂长的教训不可谓不惨痛，这也说明行为习惯是多么重要。如果我们在回答问题时能习惯性地做好准备，就能把问题回答得更加圆满，在各种场合更好地展现自身的魅力。

如果你对某个话题没有做好回答的准备，那么最好不要轻易开口，避免他人误解，造成不良后果。例如：

邻居："不好了！不好了！"

孩子母亲："怎么了？"

邻居："你家孩子在马路上玩球，一辆大卡车过来，你孩子……"

听到这里，孩子母亲差点晕倒，焦急地问道："我孩子怎么了？"

邻居："你别着急啊，我还没说完呢。你孩子差点被撞到，幸好有人及时把他抱开了！"

这种问答方式，不免让人担心，如果孩子妈妈承受不住打击住进医院，这后果由谁来承担呢？虽然邻居是好心，但这种回话方式，显然太欠考虑，显然事先没有做任何的准备。哪怕只是简单陈述一下事实"你孩子差点被车撞了，幸好及时被人抱开了"都不会给孩子妈妈造成过大的心理冲击。

回答没有固定的模式，交流的过程中，别人也不会事先通知你他要提出的问题，当你将提问发言权交给别人时，就要做好应对各种问题的准备。尤其是，当你在很多人的面前回答问题，甚至是一对多的情况，你就会明白准备的意义。也只有平时多积累这方面的经验，才能准备得更加充分，回答得更加从容。

下面，就让我们简单分析一下回答问题的流程。

1. 预见问题，早做准备。根据场合、环境及相关主题，提前准备好可能会被问到的问题。

2. 认真倾听，确定对问题的理解是正确的。

3. 辨别问题性质。例如：表达自己的兴趣和赞同你的观点，想得到更多关于某方面的信息，为消除某一疑虑，提出另一种观点，想出风头等。

4. 回答问题的方式。能够直接回答的问题，直接回答；无法直接回答的问题，日后回答；重复的问题，换个角度回答。

对于现场回答而言，有时会被问及一些不好回答的问题，或者涉及隐私的问题，我们都要学会规避。对于某些故意找碴的问题，可以礼貌地还击。另外，不管对方会提出什么问题，都要注意时刻保持笑容，这样可以让气态保持从容，再做出恰当的回答。

保持冷静，情绪也需要准备

▶ 控制情绪并不是压抑情绪的表达，而是时刻保持冷静，用
理性的思维来思考问题。虽然我们无法抹杀负面情绪，但是可
以试着用正面的情绪来取代它。

有一个男孩儿，脾气很糟糕。他的爸爸送给了他一袋钉子，对他
说："每次你发脾气或跟人吵架了，就在院子的篱笆上钉一根钉子。"

第一天，男孩儿钉了 37 根钉子。后面的几天，他逐渐学会控制自
己的情绪，每天钉钉子的数量逐渐减少。

他发现，控制自己的情绪要比钉钉子容易得多。

终于有一天，他一根钉子都没有钉，他高兴地将这件事告诉了爸爸。

爸爸说："从今天开始，如果你一天都没有发脾气，就拔掉一根
钉子。"

一天一天过去，终于篱笆上的钉子被男孩儿全拔光了。

爸爸带他来到篱笆边上，对他说："儿子，你做得非常好，但是你
看篱笆上的洞，这些洞永远也不可能恢复了。你无法控制自己的情绪，
与人吵架，说了些难听的话，就像这些钉子洞一样，你在他们心里留

下了永远无法愈合的伤口，无论你怎么道歉，伤口总是在那儿。"

冷静才能让人更加理智，才能将问题回答好，才能让沟通回到正轨。现实生活中，并不是所有问答都尽如人意，尤其是面对那些令人恼火的提问时，多数人都无法保持冷静。除此之外还有一些别有用心的提问者，提出问题的目的就是让你失去理智，以便他们进行下一步不可告人的行动。

上面的小故事中，父亲用正确的方式帮助儿子学会控制自己的情绪。俗话说，"泥人尚有三分火气"。情绪是人们最难控制的不稳定因素之一，所有人都知道冷静对处理问题有好处，可往往事情落到自己头上，就很难控制自己的情绪。即便是善于回答各种问题的演讲家，同样也会有各种消极情绪，只不过他们善于控制自己的情绪，让自己保持理智。

因此，对于应对那些有可能出现，能引起你强烈不满或发火的问题时，回答之前的积极准备是十分必要的。只要做好了充足的应答准备，再面对这类问题时，就不会出现情绪失控的场面了。那么，回答问题之前，在管理情绪方面要怎样去准备呢？

1. 意识控制。当面对让人气愤的提问，情绪即将爆发时，我们要学会用意识控制自己，提醒自己保持理性。当然，这不是一朝一夕就可以做到的，平时情绪不好时，我们可以进行心理暗示训练，比如在心里不断告诫自己："别发火，发火会伤身体。"

2. 自我鼓励。尝试用某些哲理或名言来进行自我鼓励，将问题往好的方面想。

3. 环境调节。经常到户外环境好的地方走一走，不妨多爬爬山，多呼吸一下新鲜空气。大自然是最佳的情绪调节器。

4. 自我安慰。当内心情绪不佳时，可以找一个理由来安慰自己，例如"吃不到葡萄说葡萄酸"，这不是自欺欺人，相反，这对缓解情绪很有好处。

5. 转移目标。当火气上涌时，我们可以有意识地转移目标问题来分散注意力。

几乎没有人可以永远保持冷静，人总有不理智的时候，我们要做的是尽量最大限度地保持冷静，不要轻易动怒。要知道，提问的人不会像家人那样迁就你，以你为中心。因此，作为回答者，我们要多站在对方的立场思考问题，不能一遇到难以回答的问题就发火。

在一次颁奖典礼上，嘉宾给黄渤颁奖。嘉宾说："马云说过一句话，我以为是说给他自己的，但我发现那句话同样适用于黄渤。你知道那句话是什么吗？"

黄渤说："我还真不知道。"

嘉宾说："马云说，男人的长相和他的才华往往是成反比的。我不知道黄渤你怎么看这句话？"

黄渤回答说："我相信这话也一直激励着您！"

人格魅力，就在一问一答间

▶   孔子在《论语·季氏》中说："言未及之而言谓之躁，言及之而不言谓之隐，未见颜色而言谓之瞽。"意思是说，在不该说话的时候说话，叫急躁；在该说话的时候不说，叫隐瞒；不看对方脸色变化，信口开河，叫睁眼说瞎话！

    两名教徒在祷告时吸烟。教父发现后非常生气地说道："你们怎么能在祷告的时候吸烟呢？"他质问其中一名教徒："你平时祷告的时候吸烟吗？"

    这名教徒回答道："是的，我祷告的时候吸烟！"然后，这名教徒遭到教父的一顿痛斥。

    教父又问另外一名教徒："你平时祷告的时候也吸烟吗？"

    "不！教父。"另一位教徒回答道，"我平时在吸烟的时候也做祷告！"

    教父很满意地笑着说："很好！这是可以的。"

    俗话说，"巧妇难为无米之炊"，应答更是如此。临场应变能力很重要，但做好充足的准备更重要。相信很多人都有过被人"问倒"的经历，回过头仔细想想，发现自己原本可以给出更加完美的回答。当时被"问倒"的主要原因就在于，问与答之间，留给我们思考的时间太少了，有时甚至少到思考时间只有几秒钟而已。

因此，如果我们平时多积累、多练习，对于某些公开场合的问答，能够做一些有针对性的准备，就会让我们的回答更出彩。上面的小故事中，两名教徒说的其实是一回事，但两种回答方式却体现出了截然不同的效果。

这说明：任何问题的回答，都不具备唯一性！为什么这么说呢？我们在尝试回答别人提问的时候，有些问题可以直接回答，有些涉及隐私的问题则不能直接回答，但这并不代表我们不能给出一个精彩的回答。而往往这类问题，才是真正考验一个人智慧，彰显个人魅力的时候。

晚饭时，母亲突然问儿子："今年不准备出去旅游了？怎么没有听你说旅游的事？"

儿子抬头看了看母亲，发现母亲虽然是在问他，但目光却看向了妻子。妻子听到这问话，不由自主地停止了咀嚼。

儿子瞬间明白了母亲的意思，说道："她还在考虑中。要不，让她给妈说说吧。"说完后，他给妻子递了个眼色，妻子也心领神会。

上面这段问答，做婆婆的想要让儿媳妇拿主意，又没明说，然后问儿子。如果这时候儿子不懂得察言观色，没有听出母亲的弦外之音，就有可能造成误会。对话中，儿子很聪明，让妻子来回答母亲的问题，皆大欢喜。

无论是经验的积累，还是知识的积累，其实都是对回答问题的一种准备。这里，我们着重说一下对于特定场景或特定问题的针对性准备。

"闺女，交男朋友了吗？"

28岁的未婚女孩婷婷休年假回家，刚进门，迎接她的就是妈妈这样的一句问话。

"刚处没多久，还处于了解阶段！"

婷婷在回家之前，就提前想到了回到家将要被问到的问题，并做出了回答预案。

准备回答内容时，针对性的准备非常重要，也就是说要考虑对方会问哪些问题，自己要怎样回答，对方会表达一种怎样的观点，我们自己要借助回答达到怎样的目的……思考这些问题，将有利于你充分地准备回答环节。不要小看这一问一答，往往人格魅力，就在这一问一答之间体现。

提问的分类——谋定而后动方能对答如流

▶ 当我们回答别人提出的问题时，回答得精彩与否并不在于遣词造句多么优雅，而在于我们的回答是否能巧妙地接住对方的提问，并抛出更多有趣的信息。只有掌握每种提问的回答方式，才能在各种场合游刃有余。

巴顿将军为了显示他对部下生活的关心，搞了一次参观士兵食堂的活动。在食堂里，他看到两名士兵正站在一个大汤锅前。

"这汤的味道如何？让我先尝尝！"巴顿将军说道。

"可是，将军……"士兵连忙进行解释。

"没什么'可是'，给我勺子！"巴顿将军打断士兵的解释，抢过勺子喝了一大口，紧接着怒斥道，"这是什么汤？太不像话了，怎么能给士兵喝这个？这简直就是刷锅水！"

士兵回答说："将军！我正想告诉您这是刷锅水，没想到您已经尝出来了。"

回答问题除了注意方式、方法外，语气也很重要，人们往往会对那些做出流利、幽默、风趣回答的人给予更高的评价。就如同上面的例子一样，将军问得急，士兵答得妙，如果士兵回答得结结巴巴，一顿训斥是免不了的了。

俗话说，"知己知彼，百战不殆"。想要做到对答如流，除了上面谈到的因素外，了解提问的艺术，掌握提问的方式以及抓住提问者的心理需求，也是好好接话的法宝。下面就让我们来简单了解一下提问都有哪些方式。

1. 封闭式提问。封闭式提问可以用"是"或"不是"、"有"或"没有"、"对"或"不对"等简单词语来回答，例如：

"你现在心情好吗？"

"你感到紧张，对不对？"

通常封闭式提问会用"对不对""会不会""要不要"等形式提出，将答案压缩在一定范围来获取特定信息，事实上属于选择性回答，或为了澄清事实以使会谈集中于某个特定的点。

这种提问方式易于回答，节省时间，但难以得到问题以外的更多信息，且具有较强的暗示性，不利于真实信息的获取。当然，回答问题时也要注意，不要被提问者利用人的惯性思维，用一连串的封闭式提问"带进沟里"，从而让自己变得被动。

2. 开放式提问。开放式提问通常包含"什么""怎么""为什么"

等词语，让回答者对相关问题给予较为详细的回答。这也是常用的一种提问方式，可以引导回答者更多地讲出相关的情况、想法等。

开放式提问无法用简单的"是"或"否"来回答，例如：

"你认为这款产品质量不好的原因是什么呢？"

"你为什么要对这件事情负责呢？"

此类提问的作用是更深入地了解回答者的行为、感受和想法，进而找出问题的成因，激发交流的愿望。开放式提问没有固定的答案，不具有暗示性，且易于获取真实的信息，因此开放试提问经常被用于企业的调查问卷。

回答开放式提问，对回答者的逻辑判断能力、语言组织能力和表达能力都有较高的要求，需要耐心的思考和冷静的分析。

3. 祈使式提问。祈使式提问可以用"是"或"否"来回答，实际上是为了引起回答者对情感、想法或问题进行更详细的讨论的一种提问方式。祈使提问通常用"你能……""你愿意……"等形式开头，例如：

"你能谈谈对这件事的看法吗？"

"如果你是国足教练，你愿意谈谈你会怎样做吗？"

祈使式提问从表面上看，只是问回答者是否愿意作答，实际上它是所有提问中最开放的，这种提问方式能促使回答者给出最详细的信息。

回答者通常在双方没有充分建立交流信任前采用"是"或"否"来回答，这种提问方式最常见于采访过程中，回答这种方式的提问，很考验回答者对问题的预见性、准备情况以及临场应变能力。

4. 间接式提问。间接式提问又叫隐含式提问，常常用"我对……感到好奇"或"你肯定……"来开头。例如：

"我对你的创业计划感到好奇，你能详细讲讲吗？"

"你肯定对×××的某些行为有一些想法和见解，对吧？"

通常，间接式提问会出现在双方建立充分交流的基础上。回答这种方式的提问，除了要冷静思考之外，还要尽力避免问题中出现的恶意引导，同时要警惕"言多必失"的情况。

5. 投射式提问。投射式提问是指用某种假设为开始的一种提问方式。例如：

"假如你中了 500 万元人民币的彩票，你会怎样分配？"

"假如现在你可以实现自己的三个愿望，你最希望要什么？"

这种提问通常是为了避免出现尴尬局面而常用的提问方式。回答这类问题，回答者要避免受到提问者引导，进入无意识回答或部分能意识到的回答模式。

不论回答哪一种问题，即使你已经弄清楚了提问者的问题类型，也不要过于着急地回答，一定要先组织一下自己的语言，保证提问者能够听懂你的回答。要知道，回答不是炫耀你的知识有多么渊博，而是要让提问者听清楚你回答的内容。尤其不要在连自己都有疑问的地方，使用肯定的语气，除非100%肯定自己没有错，哪怕你有1%的不确定，也不要用这种方式来应答。

第二章

集中注意力

——是问题不好回答，还是你没有认真听

　　遇到回答不了的问题，是问题太难不好回答，还是在回答问题前你根本没有认真听？据调查发现，多半属于后者。回答别人提问之前，我们必须要搞清楚，别人想要得到什么样的答案，也就是说，要弄清楚别人提问的意图。从提问到回答，其实留给我们思考的时间非常短，因此，有效倾听提问内容对于回答问题尤为重要。

光听清楚还不够，还要听明白

> ▶ 倾听过程中，单单听清楚提问者的字面意思，并不算有效倾听，只有在倾听过程中，分析出提问者想得到的答案，听出预先没有考虑的问题，这样才算是良好的、有效的倾听。

一位顾客走进一家涂料店，与涂料店老板发生了下面这样一段对话。

顾客："如果出了质量问题怎么办？"

老板："你是指涂料本身出问题，还是涂料刷在墙上后效果有问题？"

顾客："这有区别吗？"

老板："当然有区别，涂料只是半成品，任何一个施工环节都可能影响施工质量。"

顾客："区别在哪里？"

老板："涂料喷刷要考虑施工环境、涂料配比、油漆工水平等因素。如施工环境不好，天气过热；涂料配比不合理，水放多了；油漆工水平问题，刷墙技术影响喷刷效果，在这些情况下，就不能说是油漆质量有问题吧？"

顾客："如果油漆本身质量出了问题怎么办？"

老板："如果油漆质量真有问题，包换或退货。"

顾客："那好，这3种涂料，每样给我来2桶。"

案例中老板并没有在听到"如果出了质量问题怎么办"这个问题时直接给予回答，而是对"出了质量问题"进行了深入的询问，采用了一个选择性提问去求证，并在沟通过程中，一一解答了顾客的疑惑，从而促成了一笔交易。

提问者提出问题后便急于回答，是我们日常回答问题时最容易犯的错误。那么，我们要怎样养成良好的应答习惯呢？

1. 质疑。对任何问题我们都不能想当然，只停留在问题的表面，要多保留几分质疑。例如：

女人问："这件裙子适不适合我？"

显然，这个问题不适合直接回答"适合"或者"不适合"，我们需要质疑的是，女人是真心关注裙子，还是在意减肥效果、你对她的态度等方面，如果不能了解女人提出这个问题的真正意图，那么任何回答都可能是错误的。

2. 耐心。耐心主要体现在两个方面：一是别人的提问可能比较零散或混乱，问题的逻辑性不是很强；二是对方提出的问题可能不是那么友好，或者是你无法接受的。例如：

甲："恭喜你升级当爸爸了，不过你家孩子怎么跟你长得一点儿都不像呢？"

乙："孩子刚出生，看不出像谁很正常。"

甲："女孩子像妈妈好，像你的话恐怕长大后就嫁不出去了！"

乙："如果出生就能预知未来，你出生时最应该做的事就是'回炉'。"

如果对方提出的问题只是逻辑性不强，我们就要鼓励对方把话说完；如果别人的提问是你无法接受的，也要试着耐心将问题听完，然后再做反击。

有时提问者可能会因回答者的气场或态度变得胆怯或害羞，这时，作为回答者，即便你是某个领域的专家，也要表现出你希望知道得更多，比如用微笑、点头等动作，告诉对方你正在专心地倾听。

抓准对方动机，不要以己度人

▶ 每个人都有自己独特的立场及价值观，我们在接话时要抓准对方的动机，站在对方的立场思考每一句话，这样有助于双方互相理解，从而促进有效沟通。

美国一位知名的主持人采访一名小朋友："你长大后的理想是什么呀？"

小朋友天真地回答："嗯，我要当飞机驾驶员！"

主持人又问："如果有一天你的飞机飞在天上，所有引擎都熄火了，你该怎么办？"

小朋友想了想，说："我会告诉坐在飞机上的人系好安全带，然后挂上我的降落伞先跳出去。"

现场观众顿时笑得东倒西歪，主持人却继续注视着这个孩子，没想到这个孩子流出了眼泪。主持人发现，这个孩子绝不是自作聪明，于是他继续问："为什么要这么做？"

小朋友的回答透露出了他的真挚想法："我要去拿燃料，我还要回来！我还要回来！"

有效倾听，是有效回答的前提，也是有效沟通的重要环节。每个人因年龄、环境、性格等因素的影响，对同一个问题往往会有着不同的认知，这就要求我们在回答问题时，不仅要注意倾听，还要善于站在他人的立场去思考问题，分析提问者的动机，不要用自身的价值观做评判。

这一点，在孩子与大人交流时体现得尤为明显。作为成人，在思维模式上会惯性地用金钱去衡量价值，而孩子则用喜欢与否来衡量价值，因此经常会出现下面的场景：

家长："新买的玩具你就送人了？你知道多少钱吗？"

孩子："可那是我的好朋友，他也送给我礼物了！"

家长："一个破纸飞机，就换了你这么贵的一个玩具，你为什么这么傻？"

孩子："那不是破飞机，那是我们一起做的！上面的花纹，也是我们一起画的呢！"

我们可以不认同对方的价值观，但在回答问题时，不能用自己的价值观去做评判，如果这样做，回答就会衍变成辩论甚至吵架，让沟通无法进行下去，那么回答也就变成了无效回答。

如何通过倾听判断出对方提问的动机，并分析出对方提问的主要意图呢？

1. 集中精力，不要边听边做其他的事情，将注意力集中在要点上。

2. 不要打断对方，等对方陈述完问题后再做回应。

3. 目光直视提问者，不要看其他地方。

4. 听不清楚的地方可等对方问完后明确指出来，不要不懂装懂。

5. 可以适当做笔记，尽量询问一下对方关注的重要问题。

6. 不要假装没听见，也不要混淆视听。

另外，倾听有狭义倾听和广义倾听之分。狭义倾听指的是仅凭听觉器官接收语言信息，通过思维活动达到认知、理解的过程；广义倾听包括文字交流、肢体语言、微表情等交流方式。因此，有效倾听不仅要用我们的耳朵来听，还要学会用眼睛、大脑和心来"听"。

专注的倾听就是最温馨的回答

► 倾听对方的发言时，一定要避免做出让人感觉你的思绪在游走的举动。让对方感觉到你确实是在认真地倾听比你精彩地接话更重要。

美国汽车"推销大王"乔·吉拉德一生卖出 13000 多辆汽车，其中有一年就卖出 1425 辆，每天平均卖出 4 辆，这一成绩也创造了汽车销售的纪录。乔·吉拉德说，有一次失败的销售经历，让他终身受益。

一天下午，一位顾客来买车，吉拉德像往常一样，用他高超的口才向顾客推销汽车，眼看就要签单了，对方却放弃了购买。

对于这位顾客的放弃，吉拉德怎么也想不明白问题究竟出在哪里。当天深夜 11 点钟，吉拉德忍不住给那位顾客打了电话："先生，您为什么不买我的车呢？是不是我哪里做得不够好，引起了您的不满？"

"现在是晚上 11 点钟。"对方不耐烦地回答道。

"我知道，真的很抱歉，但我想做一个比别人更好的推销员，您愿意指出我的不足吗？"吉拉德诚恳地问道。

顾客："真的？"

吉拉德："绝对！"

顾客："好，那你在听吗？"

吉拉德："非常专心！"

顾客："但是今天下午你并没有专心听我说话。"

原来，顾客在当天下午本来已经决定购买他的车了，但是在签单时犹豫了。因为在沟通过程中，顾客提到了自己的儿子即将进入大学，准备当医生，而且很有运动天赋。但是，吉拉德当时表现得丝毫不感兴趣，甚至在一边准备收钱，一边跟另外一位推销员讲笑话。

任何人都希望自己能赢得他人的尊重，提问者也是如此。当提问者提出问题时，他们希望对方能够认真倾听，因为认真倾听会带给提问者受重视、被尊重的感觉，这会拉近双方之间的心理距离，对双方的进一步沟通十分有益。

案例中，吉拉德这次营销的失败，原因就是没有专注倾听，这也说明，专注的倾听本身就是一种最好的回应。日常生活中，我们也抱怨过有些人总会提出一些难以回答的问题。让我们认真反思一下，到底是问题难以回答，还是我们没有做到认真地倾听呢？事实上，多数情况属于后者。

想要达到令人满意的倾听效果，需要注意以下几点。

1. 保持专注。无论对方身份如何，在倾听对方提问时，都要注视对方的眼睛，如果你看着其他地方，即便你在认真听，都会让提问者错以为你没有认真听。

2. 不要做其他事。比如玩手机、与他人交头接耳等，此类行为不仅是不专注的表现，同样也是不尊重提问者的表现。

3. 不随意打断别人。当提问者提出的意见与自己的观点不同，或者听到提问者的话语中有对自己不利的倾向时，立即打断对方，这种做法不仅很没礼貌，而且会影响自己的形象及自己观点的表达。正确的做法是先认真听，等对方陈述完之后，再有针对性地做出回答。

4. 适当中断。虽然打断别人的提问是一种很不礼貌的行为，但"乒乓效应"则属于例外。什么是"乒乓效应"呢？"乒乓效应"是指我们在倾听过程中，适时地提出一些切中要点的问题或发表一些意见和看法，响应对方的提问。这种技巧可以让提问者感受到你对他的问题感兴趣，也能让你对问题有一个更透彻的了解，以便于更好地回答。

专注于倾听别人的提问，会给自己赢得几秒钟的思考时间，便于我们回顾提问者提问的内容，分析总结出其关注的重点。只有专注地倾听，我们才能将注意力集中在对方提问的重点内容上，才能在回答问题的时候，给予对方清晰的信息反馈，从而确保自己理解的意思与对方一致。

另外，在对方提问时，针对某些特殊场合或情况，我们可以适当引导提问者，比如说一些鼓励性的话语，向对方表示我们正在专注地听他的问题，鼓励他继续问下去，避免沟通出现冷场。当然，也可以引导提问者问出自己想要回答的问题，包括自己想要阐述的观点。例如："你对某事还想知道哪些内容？"

需要注意的是，倾听时，切记不要做下面的举动：一直看表，心不在焉地乱翻，随手乱写乱画，摆弄手机，等等。这些举动会让提问者感到你很厌烦，对话题不感兴趣，不愿意接话，更重要的是，这表明了你并没有集中注意力，而注意力分散很可能还会漏掉提问者传达的一些有效信息。

让人把话说完，切勿先入为主

▶ 在明知对方需要的是倾听而不是建议的时候，如果你还是忍不住反驳，那么再好的接话技巧也没有用处。

一位妈妈带着她4岁的儿子，陪同父亲一起去春游。

儿子对妈妈说："妈妈，我口渴了！"

妈妈从包里拿出两个苹果，对儿子说："你一个，给外公一个。"

没想到儿子将两个苹果拿到手后，分别咬了一口。

妈妈心里很不是滋味，狠狠地瞪着儿子。

"妈妈……"儿子有话想说，但妈妈立即打断，严厉地说："我平时怎么教育你的？你怎么可以这样自私？"

儿子的泪水在眼眶中打转，想要说话却不敢，小嘴紧紧地抿着。

外公看到后，拉着孩子的手，微笑着问道："乖孩子，告诉外公，你为什么将两个苹果都咬上一口？"

孩子满脸童真地说："因为……因为我想把最甜的一个给外公。"

外公脸上笑开了花，母亲既为孩子的懂事感到骄傲，又为自己刚才武断地下结论感到羞愧。

我们每个人在生活和工作中，都犯过类似这位妈妈的错误，不等别人把话说完，就武断地下了结论，结果反而是自己错了，不仅造成场面上的尴尬，还给人留下不好的印象。而且，这种错误总是重复上演，有些人将其归结为"我这人性格直，有啥说啥，容易得罪人"。事实真的是这样吗？

不等人将话说完就武断地下结论，这种行为其实是自己在没有听清问题时，就已经在主观上认定了对方观点是错误的，然后根据自己的价值观对对方进行打断、批评，了解事实真相后，又感到后悔。因此可以说，我们学会说话只要几年，而懂得沉默却要几十年。

认识到错误，并能及时道歉很值得称赞，但这种称赞并不表示你可以重复犯类似的错误。回答问题时更是如此，一定要等提问者将问题和观点陈述完整后，再决定如何回应对方。大多数情况下，我们说得越多，反而错得越多，不如学会闭嘴，学会倾听。

倾听之所以在回答过程中必不可少，主要有以下三点原因。

1. 回答问题之前，你是提问者的听众。如果在提问者没有阐述完观点之前，你抢先回答，谁来当听众呢？倘若没有听众，那么，提问与回答也就失去了意义。

2. 回答问题需要思考。回答问题之前，如果没有时间用来思考，就很难领会提问者的话语内涵。

3. 回答问题前的倾听，是消化问题的过程。回答问题也需要领悟，倾听是消化别人观点的最佳途径。

那么，学会倾听为什么这么难呢？专家指出，倾听最困难的地方在于需要放弃自己的立场。例如：

太太说："某邻居刚换了一辆轿车，唉！我们什么时候也能换一辆新车？"

先生想发表自己的观点，但想了想还是忍住了，因为他在努力学习有效倾听。

太太接着说："算了，看你现在的收入……估计也没希望。"

先生终于按捺不住："什么叫没希望啊？以后的事你怎么知道……"

上面的对话中，尽管先生已经努力倾听，但终究，他还是下意识地站在了自己的立场。生活中，尽管我们总是说自己在听，但我们只是在头脑中思考在对方提问之后我们要说的内容，而不是真正去听对方说什么，这也是我们花了几年的时间才学会说话，却要花上几十年的时间学会闭嘴的原因。

练习倾听技巧时，无论对方的提问有多么荒谬可笑，无论你是不是不理解甚至是厌恶对方的提问，你都要学会忍住辩驳的冲动，只给出反馈式的回答。那么，什么是反馈式回答呢？举个例子：

某人抱怨工作时间长、加班多、收入低，而且领导脾气不好。

反馈情绪的回答："你是不是觉得自己没有被重视，挺生气的？"

反馈含义的回答："你是不是觉得挺不公平的，收入和能力不成正比？"

反馈内容的回答："你们公司的工作环境和待遇是不是不太好啊？"

掌握倾听的技巧看上去非常简单，但实际做到却很难。说到底，最有效的办法就是要从思维习惯上入手，克制自己，当倾听变成一种习惯的时候，你接话的能力就会发生质的改变。

借力打力——从对方的问题中寻找答案

> 接话要想接得精彩，首先要认真倾听对方说的话，然后再寻找合适的时机，给出或实或虚，或大或小的应答。接话不一定要文采斐然，但一定要反应敏锐、恰当得体。

女作家谌容访美期间，应邀到某大学讲演。美国朋友向她提出了各种各样的问题，她都给以直率的答复。

当有人问道："听说您至今还不是中国共产党党员，请问您对中国共产党的私人感情如何？"显然提这样的问题是别有用心的。

谌容机智地说："你的情报很准确，我确实还不是中国共产党党员。但是，我的丈夫是个老党员，而我同他共同生活了几十年，尚未有离婚的迹象，可见，我同中国共产党的感情有多么深。"

女作家谌容的回答巧妙而又得体。在人际交往中，难免会遇到像这样棘手的问题需要给出应答。对于这种情况，首先要冷静，默读对方的问题，调动自己的全部智慧，在问题中寻找答案，恰到好处地给出快捷而巧妙的应答。

大多数情况下，我们在回答对方的提问时其实不必舍近求远，只要顺着对方的问话，从对方的问题中找到关键词，然后结合自己的实际情况，或软或硬，或逆或顺，或大或小，或点或面地给出坦诚而机智的回答。例如：

问题1："你谈的问题都挺新，看来你主张'喜新厌旧'？"

答："是这样。我国有一位著名学者说，除了自己的爱人和文物之外，对什么都应该'喜新厌旧'，否则社会就不能发展。"

问题2："爱情和理智有关系吗？"

答："有。当你被爱情纠缠住的时候，你千万不要失去理智；当你被爱情抛弃的时候，你可千万不要忘记法制。"

问题3："你怎样看一毛不拔的人？"

答："一只猴子死了，在阎王面前要求来世托生为人。阎王说，要托生为人，毛必须全拔掉，于是叫小鬼来拔毛。刚拔，猴子就叫起来了。阎王说，你一毛不拔，何能为人也？"

问题4："你说什么时候谈恋爱最合适？"

答："当理智能控制你的时候。"

问题5："你是否认为扭屁股是一种美？"

答："看你怎样欣赏。鲁迅先生说，同一部《红楼梦》，不同人看能得出不同结论。扭屁股要全身运动，我看至少能舒筋活血。"

面对他人提问，首先想到寻找答案并没错，毕竟回答问题不就是给出一个应对它的答案吗？不过，答案是如何得到的呢？我们的头脑中装着很多已知的知识，包括从书本上看到的、亲身经历的，等等。面对提问时，我们的惯性思维就是在自己头脑的已知中寻找答案，也就是说在面临问题时，我们的注意力全部集中在自己头脑中的搜寻和分析过程中了。

当然，还有一种截然不同的回答问题的方式，那就是让自己的头脑处于"空无"的状态中，也就是说，将自己的注意力放在问题本身。这样，不是在追寻答案，而仅仅是在探究问题本身，不会被个人观点所局限。

所谓问题即答案，只要专注于对问题本身进行逻辑分析，很快就能找出最符合当下情境的答案。那么如何分析呢？可以在心里默默问自己以下几个问题。

1. 你需要解决的问题是什么？

有时对方提出问题并不是为了让我们回答是或不是、知道或不知道，而是引导我们说出与之有关的更多的信息。那么这时，我们就要觉察并界定对方提问的本质是什么，进而决定用事实还是用感觉回答，用名词还是用形容词回答……

2. 你为什么要回答这个问题？

明确了问题是什么，我们才能知道这个问题有没有现实意义，需不需要认真回答。许多时候闲聊性质的问题是不需要认真回答的，这时只要玩笑应付过去便好。但是有些问题是对方蓄谋已久的，这时就需要我们认真辨别当前的语境，分析对方的意图，然后再根据各种情况可能带来的影响决定要不要回答这个问题。

3. 你希望对方听到你的答案后做出怎样的回应？

弄明白对方的意图之后，你需要判断对方的提问是善意的还是恶意的，并设想出你想让自己的答案达到怎样的效果，是想让对方感到欣慰还是想一语震慑对方。如果是前者，你需要顺着前两步的分析，给出对方想要的答案。但如果是后者，最好的震慑方式无疑是，先赞同对方的观点，让对方以为自己的目的达到了，然后再给出反其道而行的解释，给对方一个意想不到又合情合理的反转，这样最能令人折服。

总之，在回答问题之前，我们首先要发现问题。当你将注意力集中于问题本身时，思绪完全游走在各种可能的接话方案上，经过辨析之后得出的答案，当然会与众不同。

第三章

把握原则

——技巧有迹可循，回答可以更漂亮

　　"原则"从某种意义上来说就是一种规矩、一种习惯。把握好回答的原则，就是要改变以往的应答方式，养成一种应答的好习惯。我们通过对问题认真思考，对各种问题的共性和差异进行进一步归纳，掌握有效回答问题的技巧，从而不断锻炼自己的逻辑思维，并养成良好的应答习惯。

真实原则：坦诚回答，赢得认同

▶ 有些问题可能并没有答案，提出这类问题一方面是为了考验一个人的逻辑思考能力，另一方面也是为了考验他看待问题的态度。

一家饭馆门前的大树下拴着一匹马，马的主人正在饭馆吃饭，他是个穷汉。穷汉忽然看见一位绅士要将马拴在他的马旁边，便连忙跑过来提醒绅士："你不要把马拴在这儿，我这马性子烈，会把你的马咬死！"

绅士瞧不起穷汉，一脸不高兴地说："我喜欢把马拴在这儿，不用你多管。"

绅士说完后，就走进了饭馆。可是没多久，一阵凄惨的马叫声传了出来，穷汉和绅士抬头一看，只见两匹马正在搏斗。他们急忙跑过去想把马拉开，但是已经迟了，绅士的马倒在地上，不一会儿就死了。

绅士愤怒地将穷汉扭送到法官那里，要求穷汉赔他的马。

法官问穷汉："是你的马将绅士的马咬死的吗？"

穷汉没回答。

法官又问了好多次，穷汉始终像没有听见一样，不作答。

法官无可奈何地对绅士说："这个人又聋又哑，怎么办呢？"

绅士着急地说："不，他会讲话！法官先生，刚才他还同我讲话了。"

法官问："是吗？他刚才说了些什么？"

绅士说："他对我说不要把两匹马拴在一起……"绅士一说完，就发现这句话不该讲出来，但为时已晚。在法官的追问下，绅士只得吞吞吐吐地说："他说他那匹马性子烈，会把我的马咬死。"

"他曾经劝过你，可是你不听，还能怪他吗？"法官回答。

平时的生活和工作中，回答问题一定要秉承真实原则，其实许多问题也没有刻意说谎的必要，例如"你结婚了吗""你做什么工作"等问题，如实回答就好。回答问题时坚持真实原则，表明的是一种坦诚的态度，而这种坦诚的态度往往比你的回答更有说服力。

每个提问者都希望自己的问题能够得到如实的回答，但是，是不是只要真实地回答问题，就能令人信服呢？答案是"不一定"。以上面的故事为例，如果穷汉一开始就向法官陈述自己的观点，为自己辩驳，即便他说的是事实，法官采信的概率也不大。于是，穷汉对法官"是你的马将绅士的马咬死的吗"这个问题采取了不回应的方法，然后借助绅士的嘴，说出了事实真相，让法官相信事实就是如此。

回答问题既要坚持真实原则，同时也要注意表达技巧，否则就会出现下面的情况：

"这件事是你做的吗？"

"是的。"

"就凭你，也能做成这件事？"

"我说实话，怎么就没人信呢！"

所以，当遇到类似问题时，不要急于与对方展开针锋相对的辩论，时刻保持平和的心态，才是真正有信心的表现。

小王参加某报社面试。面试官问："你说你爱写作，可是在你填写的表格里的自我评价一栏，我发现两处语法错误，现在没有多余的表格，你该怎么办？"

小王吃惊不已，填表时已经十分细心了，怎么会出现这样的低级错误呢？没时间考虑，只能边想边答了："如果真的存在这种情况，我将在表格后面附上一张更正说明，指出某某地方出现了语法错误，实属填表人粗心大意，特此更正，并向各位道歉。"

小王顿了顿，继续说："在我发出更正说明之前，我想知道自己哪些地方错了，我不愿意错误地发出一张更正说明。"

原来，这是面试官设置的最后一道考验。最终，小王顺利通过了面试。

在自信的基础上如实地回答，才是最有诚意的回答。这样的回答，不仅体现出一个人的逻辑思维，还能体现出一个人做事的态度。通过坦诚的回答，将自己做事的态度传达给对方，这样更容易赢得他人的认同。

直接原则：正面回答，简洁有力

▶ 当我们礼貌地回答问题时，并不代表我们的回答没有力度。
要想在沟通中掌握主动权，你需要诚恳的态度和足够的自信。

一个 28 岁的年轻人晋升为银行总裁。这次晋升让他倍感意外，欣喜之余未免有些担心，他还没有做好心理准备。于是他主动找到前任总裁，也是现任董事会主席，求教说："正如您所知道的那样，我有幸担任总裁这一职务，这真是一个艰巨的任务，我非常希望您能根据自己多年的经验，给我一点儿建议。"

前总裁微微一笑，说道："做正确的决定。"

年轻总裁希望得到更进一步的建议，于是说："您的建议对我很有帮助，能得到您的建议我很荣幸，但能否说得更详细一点儿呢？我真的不知道该怎样做出正确的决定。"

前总裁依然惜字如金地回答道："经验。"

年轻总裁依然很困惑，再次问道："这就是我今天来求教您的原因，我不具备经验，而您具备，我该如何获得这些经验呢？"

前总裁爽朗地笑道："错误的决定。"

生活中，你有没有被拖泥带水的回答困扰过呢？例如，一个简单的问题，明明可以直接说出自己的想法或答案，他们偏偏要在前面加上一大堆空话、套话，就是说不到问题的点上，让听者非常不痛快。

对于那些明确的问题，我们要坚持直接原则，正面回答问题，做到干脆有力。以上面案例中的前总裁为例，他面对年轻总裁的提问，心中非常清楚对方想要什么答案，给出的回答也十分简洁、直接、明了。前总裁用"做正确的决定""经验""错误的决定"三个简洁有力的回答，让年轻总裁明白经验是从错误的决定中得来的，一方面表达出了他对年轻总裁的信任，另一方面也表达了"年轻人，放手去干吧"的意思。

运用直接原则回答问题时，需要注意以下几点。

1. 直接回答。直接回答指的就是回答知道或不知道，具体该怎么办。这种回答方式体现的是对提问者的尊重，尤其在回答很严肃的问题时，直接回答可以保证沟通的效率，避免在问题的铺垫上浪费时间。

2. 注意条理。直接回答问题一定要注意逻辑分明，条理清晰。例如，顾客问销售人员："你们都有什么服务？"销售人员可以这样回答："我们有 × 种服务，分别是……不知道您需要哪方面的服务？"这样的回答条理清晰，能让人听得很明白。

3. 以问代答。直接原则也不是绝对的，很多时候我们无法避免一些怀有恶意的提问。当别人的提问是以让我们难堪为目的时，我们可以采用以问代答的回答技巧。例如：

2000 年 11 月，有位国家领导人在香港考察。在一次新闻发布会上，两名不怀好意的记者问道："您在讲话中强调了团结的重要性，是不是指香港不够团结？"这位领导人笑着反问记者："如果我祝你们身体健康，是不是指你们身体不健康？可不可以这样理解啊？"

总之，面对别人的提问，如果对于能够回答的问题却顾左右而言他，刻意不正面回答，就会引起别人的反感。因此，面对可以回答的问题时，最好直接给出答案或阐述观点，这样才能保证沟通顺利进行，体现出你的诚意，赢得对方的好感。

谦虚原则：越擅长的问题，越要谨慎回答

▶　　骄傲是无知的别名，自满是智慧的尽头。保持清醒的头脑
并能认知自己的优点和缺点，对问题进行细致而缜密的分析，
就能给出近乎完美的答案。

小张开了一家装修公司，想要为公司做一个广告。经朋友介绍，
认识了广告设计方面的资深人士李老师，小张便向李老师询问自己公
司应该怎样做广告。

小张问："李老师，您是广告设计方面的专家，从事广告设计20
多年了，我的公司想做广告，您能给我一些建议吗？"

李老师说："我对广告设计较为熟悉，经验也有一些，我想先了解
一下，你想给什么产品做广告？"

小张说："我们是装修公司，想做装修方面的广告，应该安放在哪
些地方比较有效果呢？"

李老师说："装修方面的广告，最好放在新开发的楼盘周边。"

小张接着问："要多大的广告版面呢？"

李老师回答说："这个没什么限定，你可以根据广告费来决定广告版

面的大小，其实只要能够把你的信息传递出去，就达到宣传的目的了。"

俗话说，"虚心竹有低头叶，傲骨梅无仰面花"。案例中李老师的回答就十分谦虚严谨。面对小张的提问，李老师先问了小张想要做什么广告，了解了小张的需求点，才回答小张应该在哪里做广告，做多大版面的广告。李老师并没有因为自己是广告设计的专家就大谈专业知识，因此他的这种回答方式，就是有效的回答。

被问题难住无法作答的人很多，回答自己擅长领域的问题时吃亏的人也不在少数，为什么会出现这种现象呢？从心理学角度来说，当别人提出的问题恰好属于自己擅长的领域时，人往往会在虚荣心的驱使下口若悬河，滔滔不绝地大讲专业知识，不在意对方是否听得懂，以至于自己的回答最后完全偏离了问题。例如，顾客想买一台洗衣机，向销售人员询问功能时，销售人员开始施展自己的才华，非常专业地向顾客讲解洗衣机制造原理，试问消费者会怎么想呢？

在应答方面，无数经验告诉我们，越是遇到自己擅长的问题，越应该谦虚谨慎。例如，爱因斯坦在回答专业领域的问题时态度是十分严谨的，回答普通人的问题时又是幽默风趣的，甚至经常拿爱情故事来打比方。

通常，擅长的问题主要分为以下两种。

1. 被别人问过很多遍的问题。例如，从事客服这一职业的人，同一问题每天可能要重复回答很多次。遇到这种情况，一定要保持耐心，要从内心里将现在的提问者当作第一个提问者来对待。

2. 涉及专业领域的问题。遇到此类问题，首先要看提问的对象及诉求，如果提问者是普通人，回答时就要尽量通俗易懂，让对方听明白，最好采用比喻的方式，让提问者更容易理解；如果对方也是专业人士，那么回答时就要专业严谨一些，以免给对方留下不专业的印象。

我们经常听到这样一句话："淹死的都是会游泳的。"虽然这个说法并不严谨，但也说明：不会游泳的人不轻易下水，而水性好的人在水中反而容易粗心大意。应答也是这样。遇到不擅长的问题，你回答时就会小心谨慎；一旦遇到擅长的问题，就可能表现得过于自信，甚至骄傲，往往容易锋芒毕露，语出伤人，最后得不偿失。

拒绝原则：不能回答的问题，要学会拒绝

> ▶ 拒绝回答并不是要给对方下马威，而是要把谈话的重点转移到别的地方去，这样既不得罪人还会令人刮目相看。

美国总统尼克松在一次接受记者采访时，有位记者提问道："我们有多少潜艇导弹配置了分导式多弹头？配置了分导式多弹头的'民兵'导弹有多少？"

尼克松回答说："正在配置分导式多弹头的'民兵'导弹有多少我不知道，潜艇导弹的数目我是知道的。我想知道，这些数目是不是保密的？"

这位记者连忙说："不是保密的。"

尼克松笑着说："既然不是保密的，那你说是多少呢？"

另一位记者赶紧说："这些数目是保密的。"

尼克松说："既然是保密的，我就不能说出来了。"

面对棘手的、无法正面回答的问题，我们要学会拒绝。尼克松可以选择直接拒绝，如"这是国家机密，我拒绝回答"。但是，这种直接

拒绝很容易导致沟通陷入中断，因此尼克松选择了更加高明的回答方式，既拒绝回答问题，又缓解了气氛，保证了沟通的顺畅进行。

现实生活中，我们也总能遇到别人当众问一些涉及个人隐私等尴尬的问题，这些问题在众目睽睽之下被对方提出来，不回答显得没礼貌，甚至还会被认为是无能的一种表现，这时候学会如何巧妙地拒绝，就十分重要了。

当别人问你一个不好回答的问题时，你可以假意发问，将问题抛给对方，还可以顺着对方的回话继续聊下去，不给对方追问的机会。例如：

> 美国舞蹈家邓肯向萧伯纳委婉地求婚说："假如我们两个人结婚，生下的孩子头脑像你，面孔像我，该有多好！"
>
> 萧伯纳也一本正经地回答说："要是生的孩子头脑像你，面孔像我，岂不是糟透了？"

也可以选择四两拨千斤，避而不答，例如：

> 问："听说你的女朋友'劈腿'了，是吗？"
> 答："你听谁说的，你就去问谁吧！"

还可以采用模糊性的回答方式，也就是不给出确切的答案，用一些宽泛的、模糊的词语来回答。例如：

问："你每月的工资有多少？"

答："少得不好意思拿出来谈！"

类似的问题，我们能不能正面拒绝呢？当然可以，但前提是，你是否在意谈话的结果，或者说你是否在意谈话能够顺利进行。对于一些充满恶意甚至攻击性的提问，不仅要正面拒绝，还要犀利地反击。

在某公司的一次面试中，面试官问一位女性求职者："你结婚了吗？"

求职者说："这与工作无关，我可以不回答吗？"

面试官说："当然可以，不过我们想知道你的家庭情况和婚姻状况。"

求职者说："对不起，这是我的隐私，我有权拒绝回答。"

面试官说："当然可以，你有权拒绝我，我们也有权拒绝你。"

面试官的提问中涉及应聘者的个人隐私，但有的时候，在公司要求下，不得不问这些问题。这个时候，作为求职者怎样回答，就要看求职者对这份工作是否迫切地想要得到。面试官提的问题虽然涉及隐私，但并没有恶意，我们可以选择更加巧妙的拒绝方式，例如：

"很抱歉，这属于我的个人隐私，我想说的是，结婚与否都不会成为我工作的障碍。"

这样回答就将问题模糊化了。提这类问题的公司，主要目的并不是想知道你结没结婚，而是想要了解，你的婚姻状况是否对工作有影响。

接话有料——幽默是沟通的润滑剂

> ▶ 幽默是每个人与生俱来的本能，只不过有些人受成长环境的影响，将这种本能形成了良好的习惯而已。

秃头是美国剧作家马克·康奈利最突出的特征。有人认为这是智慧的象征，当然也有人经常取笑他这一点。

一天下午，在阿尔贡金饭店，一位油里油气的中年人用手摸了摸康奈利的秃顶，讨便宜地说："我觉得，你的头顶摸上去就像我老婆的臀部那样光滑。"

康奈利听完他的话，皱着眉看了看他，然后他也用手摸了摸，回答说："你说得一点儿不错，摸上去确实像摸你老婆的臀部一样。"

幽默的应答可以活跃气氛，可以让沟通顺畅，也可以让反击隐藏于无形之中。为什么有的人可以妙语连珠，幽默信手拈来呢？有人说，幽默是一种天赋，事实真的是这样吗？其实，幽默是每个人与生俱来的本能，只不过有些人受成长环境的影响，将这种本能形成了良好的习惯而已。

幽默并没有固定的模式可以遵循，我们面对的是不同的人群、不同的场合，所以幽默也只能因人而异，因场合而异，才能达到预想中的效果。那么，有什么办法能将自己的幽默本能激活吗？让我们来看看常见的几种幽默表达方式。

1. 解惑式。解惑式就是故意使对方疑窦丛生，造成错觉，然后再进行解释，使之冰释雪消，在起伏中顿生幽默。

一天，有个香烟商人在一个集市上大谈抽烟的好处。突然，一个老人从人群中走出，径直走到台前，让那位商人吃了一惊。

老人在台上大声说道："女士们，先生们，对于抽烟的好处，除了这位先生讲的以外，还有三点哩！"

商人一听老人说的话，马上向老人道谢："谢谢您了，先生，看您相貌不凡，肯定是位学识渊博的老人，请您把抽烟的三大好处讲给大家听听吧。"

老人笑了笑，说："第一，狗害怕抽烟的人，一见就逃。"台下一片轰动，商人暗暗高兴。"第二，小偷不敢去抽烟者家偷东西。"台下连连称奇，商人更加高兴。"第三，抽烟者永远年轻。"台下听众惊作一团，商人更加喜不自禁，要求老人解释一下这是为什么。

老人把手一摆，说："请安静，我现在就给大家解释。"

商人格外兴奋地说："老先生，请您快讲。"

"第一，抽烟人驼背的多，狗一见到他以为是在弯腰捡石头打它呢，能不一见他就逃吗？"台下许多人笑出了声，商人吓了一跳。"第二，抽烟的人夜里爱咳嗽，小偷以为他没睡着，所以不敢上他家去偷东西。"台下一阵大笑，商人大汗直冒。"第三，抽烟人很少有长命的，所以没有机会衰老，能不永远年轻嘛！"台下哄堂大笑。

此时，大家去找那名烟草商人，发现他早就不见了踪影。

上面这则故事一波三折，层层推进，把听众的思绪一步一步推向迷惑不解的境地，在把听众的胃口吊得足够"馋"时，才一语道破天机。按照常规思维，抽烟是应该遭到反对的，当老人走到那名大谈抽烟好处的商人旁边时，一般人认为老人要提出反对意见，谁知老人却也是大谈抽烟的好处。商人和听众一样大惑不解，因而急切地想知道原因。最后，老人以幽默的话语作了妙趣横生的解释，既让听众开心，又让听众从商人的欺骗性话语里走出来，意识到抽烟的危害性。

2. 形象式。形象式就是通过形象的比喻，让人产生联想，必须言之有物，让比喻形象生动。语言形象生动，能促人联想，产生具象，让人产生幽默感的同时，余味无穷。

有一次，孙中山在广东大学讲民族主义。礼堂非常小，听众很多，天气闷热，很多人都无精打采的。孙中山便穿插了一个故事："那年我在香港读书时，看见许多苦力聚在一起谈话，听的人哈哈大笑。我觉得奇怪，便走上前去。有一个苦力说：'后生哥，读书好了，知道我们的事对你没有什么帮助。'另一个告诉我：'我们当中一个行家，牢牢记住那马票上面的号码，把它藏在日常用来挑东西的竹杠里。等到开奖，竟真的中了头奖，他欢喜万分，以为领奖后可以买洋房、做生意，这一生再也不用这根挑东西的杠子过生活了，一激动就把竹杠狠狠地扔到大海里。不消说，连那张马票也一起丢了。因为钱没有到手就丢了竹杠，结果是空欢喜一场。'"

孙中山风趣的话，引来台下一片笑声。孙中山接着回到本题："对于我们大多数人，民族主义就是这根竹杠，千万不能丢啊！"

孙中山先生充满幽默感的故事不仅让昏昏欲睡的人们清醒过来，也使得自己的演讲取得了良好的效果。

3. 曲解式。曲解就是对对象进行"歪曲""荒诞"的解释，用轻松、调侃的态度，将两个表面上看似没有联系的东西联系起来，造成一种不和谐、不合情理、出人意料的效果，从而产生幽默感。

有一天早上，小李起床稍晚了些，急匆匆地吃了早饭，便夺门而出，往公司赶去。到了公司才发现，自己的公文包忘带了，今天要用准备好的材料做报告。于是他又着急忙慌地赶回家里，却发现自己的钥匙也在公文包里，而妻子也已经上班去了。小李赶紧给妻子打电话，叫她回家一趟，但是怎么也打不通。无奈之下，小李只好叫了开锁师傅，可师傅正在忙，要等一会儿才能赶来。

小李在自家门前等了很久，师傅终于来了。从小李出门到回到家里，已经过去整整3个小时了，就算拿到报告材料，报告会也早该结束了。小李只好打电话向领导请了半天假，然后疲惫地瘫倒在沙发上。

就在这时，妻子回来了，她一进门就看到小李懒散地躺在沙发上，疑惑地问道："咦？你怎么没去上班？"

"别烦我，我想静静。"小李有气无力地答道。

妻子听了立马皱起眉头，装作有些生气地问道："静静是谁？"

小李又气又笑地坐了起来，无奈地把早上的倒霉事给妻子讲了一番，妻子听了不禁大笑，说道："哈哈，我就是回来拿手机的！"小李也尴尬地笑出了声。

小李的妻子通过对"静静"两个字的曲解，让丈夫不得不交代清楚事情的来龙去脉，接话接得轻松自如，颇具幽默感。

幽默并不是让你去嘲笑他人，一个真正幽默的人，往往能够在言行举止中带动气氛，让周围的人也一起开心起来。富有幽默感的人不仅能看到生活中美好的一面，还能给别人带来快乐。要想让自己变成一个幽默的人，可以尝试以下几种方法。

一是，相信自己。自信是快乐的源泉，你必须相信自己是富有幽默感的人，你需要的只是把它表达出来而已。平时可以搜集一些有趣的材料，多关注别人为什么会发笑，学会找到笑点，你就能创造以笑点为基础的很多幽默笑话。

二是，拓展知识面。不管材料如何，都需要考虑这个材料是否符合听众的口味。例如，你向对音乐一窍不通的人讲怎样谱曲就不合适。

三是，善于观察。广泛的知识面可以增强你的幽默感，观察力同样不可或缺，很多人知识广博，但是缺少发现幽默的能力。仔细观察，在日常生活中发现幽默，看到别人看不到的一面，慢慢你就会成为一个幽默的人。

幽默无处不在，你也可以信手拈来。多和富有幽默感的人交往，在一个幽默的环境中，你会更容易变成一个幽默的人。俗话说，"百炼出真金"。你可以先在亲人、朋友或同事面前练习，随着技能的增强，再逐渐增加你的听众人数。慢慢地，你会发现自己开始变得幽默了！

第四章

沟通保障

——多做有效回答，规避无效回答

　　回答不是一个人的独角戏，而是两个人，甚至多个人的互动交流与沟通。当别人提出问题时，你不作答，或者做出的回答是无效的、消极的，就会让沟通陷入僵局，直接影响沟通质量，甚至让沟通无法延续下去。为了避免"沟而不通"的情况出现，就要学会多做有效回答，避免无效回答。

积极主动的接话，才能让沟通更有效

▶ 在实际的沟通过程中，积极或消极都不是绝对的，关键是要摸清对方的意图，给出适当的回应。只有恰到好处的沟通，才是高效的沟通。

一位长得很健壮的青年走进了一间办公室，里面的军医正在对警察候选人进行体检。军医对青年说："把衣服脱下来。"

青年满脸疑惑地问道："您说什么，先生？"

军医重复说道："把衣服脱光，快一点！"

青年人皱了皱眉，按照军医的要求脱了衣服，然后军医给他量了胸围，检查了脊背后，命令道："跳过这根横杆。"青年人照着做了，虽然动作还好，结果却摔了个仰八叉。

军医又命令道："双膝并拢，两手触地。"青年人按要求又做了，但因失去平衡，跌倒在地上。等他爬起来，军医接着命令道："在这冷水池里跳跃 5 分钟。"

"这太滑稽了。"青年人嘟囔着，还是照做了。

"现在绕着房子跑 10 圈，我要检查你的心脏和呼吸。"

青年人终于忍不住，气恼地说："我拒绝，我宁愿一辈子不结婚！"

军医听后，疑惑地问："你是什么意思？"

青年人说："是的，就是一辈子不结婚了！办个结婚手续，竟然有这么多麻烦！"

军医恍然大悟，笑着对他说："可怜的年轻人，你走错办公室了！"

为什么我们要提问？为什么我们要回答别人的问题？回答这两个问题之前，我们必须先要知道，回答是人类语言艺术的重要组成部分，也是彼此之间沟通过程中必不可少的环节。一问一答之间，既是沟通的桥梁，又是沟通的过程，积极有效的回答也是保证沟通更加融洽的前提和基础。

以上面的故事为例，如果双方有一个有效的沟通，就不会发生这样的误会了。有效的沟通通过简单的一问一答就能完成，例如：

青年人问："这里是婚检办公室吗？"

军医回答："抱歉，这里不是，你走错办公室了！"

或者：

军医问："你是来体检的警察候选人吗？"

青年人回答："抱歉，不是，我是来做婚检的。"

这种正面的问答就是一种有效的沟通方式。在日常生活中，如果我们对一个人打招呼："×××，吃饭了吗？"对方没有回应，或消极回应，我们心里自然会感到不舒服，甚至会想对方是不是对自己有意见，或者检讨自己是不是哪件事得罪了他，等等。在这种消极情绪的影响下，双方很难继续交流，反之，如果对方回应积极，双方很可能就会继续聊下去。

那么，我们怎样积极回应别人的问题呢？举个简单的例子：小李升职加薪了，他回到家后，兴高采烈地将这个消息告诉了妻子。试想，妻子会有怎样的回应？

1. 积极主动："真的吗？太棒了，我为你骄傲！我们应该庆祝一下。"（非语言反应包括微笑、拥抱、亲吻等。）

2. 被动回话："这是个不错的消息，其实你早就该升职了。"

3. 消极回话："升职了意味着回家时间会更少吧？看把你高兴的。"

4. 消极被动："晚饭吃什么？"（完全当小李没有说过这件事。）

我们更喜欢哪种回应方式呢？毫无疑问，积极主动的回话是最令人愉悦的。因此，在应答时，我们要尽量采用积极主动的态度，这样才能让双方在融洽的氛围中保持更好的沟通。当然，沟通的对象不仅限于夫妻，还可以是同事、邻居、朋友，等等。想必，没人喜欢"哦""呵呵"等这类回应方式，因此，我们平时要多注意细节，不要让自己成为只会用"哦"来回应的人。

另外，回答时别吝啬你的赞美，没有人会拒绝赞美的话。假如单位一位女同事对你说："看，这身衣服怎么样？我昨天新买的！"你回答："这身衣服和你的身材很搭啊，穿出来的效果真是太漂亮了，花了多少钱？"或是回答："凑合吧，还不错。"相信大多数人都会喜欢前一种的回答。因为前一种回答一定会让对方很开心，让对方更愿意与你交流，所以，如果带着欣赏的目光去回答别人的问题，就会让你变得更加受欢迎。

当然，回答问题之前，我们还是要弄清楚提问者的真正目的，不能盲目地积极，否则就中了提问者的圈套。

一艘船在航行时遇到了风暴，船舱破损，船体进水，正在下沉。船长在风暴中大声问："谁会祈祷？"船上一名神父自告奋勇地回答："我会。"船长说："那好，你祈祷吧！我们其余人都套上救生圈，因为正巧差一个救生圈。"

这个笑话讲的就是盲目积极可能造成的后果。在实际的沟通过程中，积极或消极都不是绝对的，关键是要摸清对方的意图，给出适当的回应。只有恰到好处的沟通，才是高效的沟通。

正确的回应，是沟通得以延续的保证

> ▶ 沟通是一个双向互动的过程，当我们接收对方的信息后，还要将自己的感受传达给对方，这样才能使沟通得以延续，进而拉近双方的距离。

晓丽和小张在大学毕业一周年的同学聚会上不期而遇。晓丽是一个非常爱花的人，而且还喜欢养花。聚会上晓丽兴致勃勃地说："前几天我去参加花博会了，没想到光兰花就有那么多种类，真是大开眼界！"

对于晓丽这个话题，男生并不热心，女生也没有多少热情，一时间晓丽有些尴尬。只有小张表现出相当的兴趣，问道："真的吗？兰花有多少种？"

晓丽立即回应道："有2万多种呢，听说兰花是世界上种类最多的植物！"

小张说道："真难以想象，都有哪些呢？"

晓丽饶有兴趣地说道："大家最熟悉的有蝴蝶兰、春兰、建兰、蕙兰，其实还有斑达兰、密福托尼亚兰等，大多数兰花属于热带花卉。"

小张说："说到热带，我今年去新加坡旅游，那里四季恒温，环境真是太好了，我都想在那里定居。"

晓丽说："我很想去马尔代夫玩。"

小张说："那你什么时候有时间，我们一起去呀？"

晓丽说："好啊！找个合适的时间，我们一起去！"

一年后，晓丽成了小张的老婆。两个人谈到当初那次同学聚会，晓丽笑问："说，当初你是不是有预谋的？你根本就不怎么喜欢花！"

小张一本正经地回答说："你比花美。"

人与人之间的沟通交流，是一个双向互动的过程，简单说就是一方发出信息，另一方接收、理解后再发出信息，如此循环往复。这个过程形成了双向互动，同时也就确保了信息传递的准确与完整。

沟通过程中的信息传递，离不开问与答，回答问题包含对明确提问及某个话题的回应，正确的回答是让沟通得以延续的保证。比如小张的回应就很高明，他围绕晓丽感兴趣的兰花展开，通过不断提问与回话，从而将话题引到旅游上，达成了"一起去马尔代夫"的愿望，并最终抱得美人归。

其实，针对某个话题做出正确回应并不是什么难事，把握好以下3点，你就能做出很好的回话。

1. 表现出兴趣。当某人提出某一话题时，你要适当表现出兴趣，让对方感受到你的积极回应，这样对方就会继续和你聊下去。当然，除非你不想和对方继续沟通。例如，朋友说："上周末我去爬长城了。"

你可以回答："真的吗？我一直想去长城，但一直没有时间，你有照片吗？让我看看。"

2. 表现好奇心。在你表现出兴趣后，最好还能表现出好奇心，而表现好奇心最好的办法就是提问。例如："去长城玩的人多吗？长城的哪里最有意思？现在的门票多少钱？"

3. 转移话题。如果你对这个话题不感兴趣，但还想与对方保持沟通，最好的办法是转移到双方都感兴趣的话题上。需要注意的是，话题转移不能太明显，这会让对方感觉很突兀。例如：谈到花卉，可以转移到自然、旅游；谈到明星，可以转移到电影、时装；谈到工作，可以转移到相关产品及与产品有关的事物；等等。

巧用对比，回答会变得更有效

▶ 大小、是非、贵贱……这些概念都是相对的，单独使用很难将事物描述清楚。只有通过对比，才能给人一个具体的形象。多用对比的方式接话，可以使信息传达得更加清楚。

张太太想要买一个电饭煲，来到商场。走进第一家店，销售人员热情地招呼了她。张太太看中一款电饭煲，但是看到价格后说："价格太贵了！能不能便宜点？"

销售人员说："不贵啊，我们的产品有6大优势，采用进口研发技术，节能好，卖这个价格一点儿都不贵。"

张太太摇了摇头，说："不就是一个电饭煲吗？卖800多元还不贵？算了，我还是到其他家再看看。"

于是，张太太走访了几家店，不是看不中，就是价格不满意。

当她走到最后一家店时，几乎打消了要买电饭煲的念头。这家店中的销售人员同样热情地招待了张太太，但并没有像其他店的销售人员那样为她介绍产品，而是提了几个问题。

销售人员："很冒昧地问一下，您家里平时有几个人用餐？"

张太太："平时也就四五个人用餐。"

销售人员："那您一天通常做几顿饭？"

张太太说："平时上班离家远，也就晚上做一顿饭。"

销售人员："我建议您尝试一下这款最新式的电饭煲。这款电饭煲可以连接移动终端，您在早上出门时将米放好，下班前，在单位用手机就可以遥控蒸饭，回到家就能吃了，这会给您省去许多麻烦，与同类产品相比，功能更强大，价格也就差一二百块钱。"

张太太有点动心，问道："价格方面还是太高了，能优惠点吗？毕竟只是个电饭煲。"

销售人员："优惠肯定有，但是这款产品本身已经是促销价格了，所以只能给您在其他产品上优惠，店内其他产品如果您有需要，可以给您打个5折，您看怎么样？"

结果，张太太不仅在这家店花1000元买了个电饭煲，还购买了计划外的另一件产品。

在回答中巧用对比，可以让你的论断更加可信，让你的观点更加鲜明。上述的案例中，第一位销售人员只是强调产品的优点，却没有让张太太明确感觉到产品到底贵在什么地方，而最后一位销售人员，却巧妙地通过提问了解了张太太的需求，通过简单的对比，成功推销出了自己的产品。

同样，任何场合、任何领域的问题，也都可以巧用对比的方式来回答，这会让你的答案与众不同，也会让你的回答更加有效。比如：

有人问亚里士多德："你和平庸的人有什么区别？"

亚里士多德回答说："他们活着是为了吃饭，我吃饭是为了活着。"

如果亚里士多德只是回答"我吃饭是为了活着"，就很难达到这种强烈的对比效果，亚里士多德巧妙地运用了对比方法来作答，不仅凸显了自己与平庸之人的不同，也体现出了强烈的讽刺意味。

用对比的方法来回答问题，需要掌握以下 3 个关键点。

1. 对比对象要用熟悉的。回答的问题涉及陌生事物时，为了让听者更好地明白，最好用一个较为熟悉的东西作为对比对象，通过对比来彰显事物的特性。例如：

问："太阳有多大？"

答："太阳的体积是地球的 130 万倍。"

2. 对比要保证合理性。首先，对比双方要属于同一范畴；其次，对比双方要表现出相反或相对的性质。如果对比不符合这两点，那就是一个不合理的对比，也就不具备较强的说服力。例如：

问："你家洗发水卖 200 元，也太贵了吧？"

答："有什么贵的，一辆汽车还几十万、上百万元呢！"

通常，听完这样的回答顾客立刻就被气走了，两种不属于同一范畴的事物，放在一起没有可比性，正确的对比方法是拿同类洗发水作对比。

3. 对比后做出适当分析。对比后做出明确分析和评价，并得出结论，这样才能形成一个完整而有效的回答。例如：

问："为什么我做一个产品只需要一天，卖出去却需要一年？"

答："时间换一下，用一年做产品，你的产品一定会一天就能卖出去！"回答后，可以继续这样解释："想要出精品，就要下功夫，决不能为了追求产品数量，而放弃产品质量。"

这样的回答就完整了，既有对比，又有解释，将其中利害关系分析得很透彻，将自己的想法表达得很清楚，这就是一个非常好的对比式回答。

巧用数字，回答会更有说服力

▶ 数字是沟通的重要武器，因为数字本身就拥有强有力的说服力，它能让对方在头脑中产生具体的图像，尤其在使用数字进行对比的情况下，产生的效果更加明显。

元朝至正年间，浙江海宁一带出现了水路不通的问题，但是这里是军粮运输的必经之地，因此粮食运输只能依靠人力。

由于当时战乱不断，百姓生活本就苦不堪言，不适合再征用当地百姓来运粮食了，因此将军董搏霄向朝廷建议让士兵自己运送粮食。

他的这一建议遭到朝中许多大臣的反对。这些大臣认为此时国家兵力本就不足，应付地方叛乱已经力不从心，如果再去运粮食，士兵远途劳顿，只会削弱国家的兵力。

董搏霄说："军人搬运粮食，可以用百里一日运粮之法。具体的方法为：人与人之间距离10步，36人分布在1里之内，360人就是10里，而3600人就是100里。将米用夹布口袋装好，封上印记，每人每次背4斗米，走10步，传递给下一人。人不停地走，米袋不着地。每人每天可以走500个来回。500个来回，单人行程往返为28里。大约每天可以运送大米 200 石。按每人每天吃一升米来算，这样 3600 人一天运的米，可以足够 100 里之外的 2 万人吃 1 天，因此并不艰难。

"而且每人每天只不过走 28 里，这 28 里中，负重走的路程是 14 里，而空手轻行也有 14 里，绝不会使军队变得疲惫不堪。"

董搏霄用数字说服了朝中大臣，大家最终采纳了他的建议，结果运粮效率果然像他说的那样高。

提问者都想得到被问对象的具体回答，因为具体回答可以直观呈现出事物的形态，模糊的回答容易产生误解。数字最大的价值就在于，它能让文字中的思想数字化、准确化以及具体化，在回答问题时，数字能让回答更加清晰具体，让沟通变得更加生动且直观。

就像上述的例子，董搏霄如果只是一味强调"我这个办法可行"，而没有列出这些准确数字的话，就没有办法佐证自己的办法为什么可行，也就没有办法说服朝中的大臣。当你回答某个问题时，可以通过数据来帮助你量化问题。倘若没有数据作支撑，提问者就可能会对你的回答产生怀疑：这个问题真的像你说的那样吗？程度又是怎样的呢？

那么，在巧用数字来回答问题时，是不是任何问题都要列数字，或只是列数字就可以呢？这个问题要具体问题具体分析，另外还要把握以下几点原则。

1. 数字不在多，在于准确。有些问题并不需要用大量数字来佐证，只要能够呈现事物的具体形态就可以了，罗列太多数字反而会显得累赘。例如：

问："赵州桥有多大？"

答："全长 50.82 米，两端宽 9.6 米，中部略窄，宽 9 米。"

这样的回答简洁准确，让听者听到后对赵州桥有了直观印象，而且不会显得啰唆。

2. 多组数字罗列，制造震撼力。对于有些问题而言，如果回答中只用一组数据很难说明问题时，就需要我们用多组数据进行对比，以给听者带来更精准的信息。例如：

总经理问："最近业绩怎么样？"

答："很好，这个月我的业绩目标是 20 万，已经完成了 15 万，还有 10 个有意向的客户、2 个即将签单的客户。"

这样的回答就很容易给领导留下深刻的印象，如果你回答说："还不错，已经完成了 15 万。"就很难带给听者直观的感受了。

3. 用百分比体现差异。对于有些问题，在回答时用百分比则更有说服力。例如：

问："吸烟对孩子有哪些影响？"

答："2013 年一次网络调查显示，12 岁以前就开始吸烟的比例达到了 8.4%，这一数据不可谓不惊人，按照我国目前有 3 亿烟民来算，大概有 2500 万人在 10 岁左右就开始吸烟。而吸烟年龄越早，越容易形成烟瘾，继而引发各种疾病的概率就越高，吸烟的危害一般在烟龄 30 年左右会达到高峰。"

这样回答，会比一味地陈述吸烟的危害更加有说服力，给听者直观的感觉就是，很多孩子可能还没有看懂烟盒上的警示标志，就已经开始吸烟了，这是一件非常可怕的事情。

回答是沟通过程中不可或缺的环节，回答时使用、穿插、引用各种数字和数据，会让回答更精准而直观，让人听起来更具体和令人信服。另外，因为很多人对同一问题、同一回答的感受是不同的，只用文字很难让所有人都感受到你想要传达的准确信息，因此在回答问题时，能使用数字的地方就使用数字，这会让沟通变得更精确、更有效。

巧打比方，回答会变得更巧妙

▶ 　用打比方的方式接话，既要有创意，又要符合当前的情境。这样能让沟通更加顺畅。

有个年轻的学生对科学充满热爱，立志要成为一名科学家。但是，他的父亲对他的理想却不屑一顾，百般阻挠。为了说服父亲，他着实伤了一番脑筋。

有一天，母亲外出，只有他和父亲在家，于是他问父亲："父亲，当初您为什么和母亲走到了一起？"

父亲说："很简单，我爱上了你母亲。"

这个学生又问："母亲是不是您的第一任妻子？"

父亲说："当然是，那时候我家庭条件比较宽裕，你爷爷要我娶一位家境富有的太太，反对我和你母亲结婚，但是我非你母亲不娶，最后你爷爷见我态度坚决，就不再反对我们了。"

听完父亲的回答，这个学生说："您之所以不愿意娶别的女人，是因为您只爱我母亲，现在我也遇到了和您当初一样的烦恼，我爱上了科学，就像当初您爱我母亲那样，我发誓，这辈子除了科学，我再也不会选择别的行业。"

父亲说："我知道你热爱科学，也相信你能在科学上取得成就，但是我们家庭条件不好，没有足够的资金供你去学习。"

学生告诉父亲，他会通过勤工俭学等方式来赚取学费，最终他获得了父亲的支持。

回答问题时，巧用打比方的方法，会让回答更加生动形象，让提问者更轻松地听明白你的意思。尤其是在回答时还伴随着说服别人，就会更加艰难，如果可以恰到好处地运用打比方的方法来表达，就会让问题变得简单。伽利略将自己对科学的热爱与父亲对母亲的爱放在一起进行比较，明确地表明了自己的决心，最终打动了父亲。

打比方和比喻有所不同，比喻是把人物或者其他物品比喻成另一种物品，打比方是通过比喻的修辞方法来说明事物特征的一种方法，即利用两种不同事物之间的相似之处作比较，以突出事物的特点，增强说明的形象性和生动性的一种说明方法。例如：

问："你对经济发展有什么看法？"

答："经济发展就像骑自行车，骑得太快会摔跤，骑得太慢会倒下，所以要不快不慢才行。"

打比方虽然能够帮助我们更形象地回答问题，但如果用得不恰当，就达不到说明问题的目的。例如：

问："对经济发展中的泡沫，您怎么看？"

答："经济发展中的泡沫就像喝啤酒时的泡沫，有了泡沫喝起来才更有味道。"

这个比方乍一看好像很形象，但经不起推敲。因为啤酒好不好喝，与泡沫没有直接关系，而且经济发展中的泡沫并不是好事，不能用有味道来形容。因此，在用打比方的方法回答问题时，一定要把握以下两点。

1. 简单。打比方的目的是让回答变得更通俗易懂，所以用来打比方的东西越简单越好，如果用复杂的东西来打比方，会让回答变得越来越复杂。例如：

问："您的文章写得非常好，我能约个时间采访一下您吗？"

答："如果你吃了一个鸡蛋，感觉很好，那又何必非要认识下蛋的母鸡呢？"

2. 灵活。用打比方回答问题时，不要拘泥于打比方的对象，要灵活应对，只要将两类事物之间的共同特点讲明白就可以了。例如：

有一次，一位记者询问爱因斯坦成功的秘诀是什么，爱因斯坦回答说："早在1901年，我还是22岁的青年时，已经发现了成功的公式。我可以把这公式的秘密告诉你，那就是A=X+Y+Z！A就是成功，X就是正确的方法，Y是努力工作，Z是少说废话！这公式对我有用，我想对许多人也一样有用。"

一眼看透内心——不能忽略的微表情与微动作

▶ 　　学习接话技巧并不是要让自己变得圆滑，而是通过细心观察和体会，提高自己的沟通表达能力。注意观察生活中的细节，通过及时的反思和总结，提炼生活的智慧，将其应用在接话上，这才是正确的做法。

　　底特律曾经举办了一次汽艇展览会，人们可以在展会上选购自己喜欢的船只，从小帆船到豪华游轮，应有尽有。

　　一位来自中东的富翁站在一艘大船面前，对销售人员说："我想买这艘价值2000万美元的游轮。"

　　销售人员看了一眼这位富翁，认为他是个疯子，脸上冷冰冰的，没有理睬。富翁看到销售人员如此冷漠，失望地走开了。

　　富翁继续参观。当他来到下一艘游艇前时，这位销售人员满脸挂着热情的微笑，就像阳光一样灿烂。富翁对销售人员说："我想购买价值2000万美元的游艇。"

　　"没问题。"销售员笑着回答说，"让我来为您介绍一下我们的游艇系列，好不好？"得到允许后，销售员开始介绍他们的游艇系列，最后富翁签了一张500万美元的支票作为定金，第二天富翁带着1500万美元的支票，购买了一艘价值2000万美元的游艇。

富翁对销售员说："你成功地用你的微笑向我推销了你自己，在这次展览会上，只有你让我感觉到我是受欢迎的。"

有效回答是沟通得以延续的基础，有效沟通可以保证在信息传递的同时达成共识。但往往我们在回答问题的时候，只是将注意力放在语言的组织上，而忽略了沟通对象的微表情、微动作。很多问题，甚至不需要语言，一个微笑、一个眼神，就是一个完美的回答。

这里包含两方面的含义：一方面，要注意自己的微表情、微动作；另一方面，要注意观察提问者的微表情、微动作。回答问题时，如果能够判断和掌握对方的心理活动，了解对方内心真正的需求，无疑会提高回答的有效性。

回答效果经常受到场地、时间、环境、氛围等客观因素以及提问对象的情绪、心态等主观因素的影响，因此我们在回答问题时，应注意以下两点。

一是，第一时间观察提问者的微表情、微动作，判断提问者的沟通风格及心理活动。

二是，回答问题时，自身可以通过运用适当的微表情、微动作，提高回答效果，让沟通更高效。

肢体语言与面部表情是不会说谎的，它传递的信息比语言更快、更真实，当你话还没有说出口，肢体语言和表情就已经暴露了你内心真实的想法。例如，当你被问到一个尴尬的问题时，首先出现反应的不是语言，而是面部表情。那么，在回答问题时，我们怎样才能正确利用微表情与微动作呢？

1. 头部。摇头晃脑代表不自然、不重视、漫不经心，低头耸肩表示不自信、紧张，头向前倾表明感兴趣并想要倾听，昂首挺胸表明自信、有权威感。例如：

面试官说："你能用英语介绍下你自己吗？"

面试者 A 低着头，声如蚊蝇，双手不断搓着衣角……

面试者 B 面带微笑，抬头挺胸，声音洪亮，语言幽默，简单几句话就已经表达清楚了。

很明显，两个回答会呈现不一样的效果，结果自然也就不同。从心理学角度来说，低头是认输的一种表现，因此无论问题是否难以回答，都要保持抬头挺胸的姿态，将自己的自信传达出去。

2. 眼睛。俗话说，"眼睛是心灵的窗户"。无论是一对多还是一对一的沟通，眼神的交流都是必不可少的。首先，在回答他人提问时，尽量将目光锁定在对方的眼睛上，如果的确没有回答的经验，那就让自己的目光锁定在对方的鼻梁位置；其次，回答问题时，目光要随时跟随对方的手势，或对方展示的物品，体现出自己对对方提问的专注和重视；再次，回答对方提问时，要避免频繁地眨眼，注意观察提问者的眼神，留意对方眼神的方向，眼神向左上，多为回忆，眼神向右上，多为想象。例如：

小李是某项目负责人，向领导汇报工作时，领导询问："目前都做了哪些具体工作？"

小李在回答时，时而眼神向左上，时而眼神向右上。这说明有些工作他确实做了，他在回忆；有些工作暂时没做，他在想象做了的样子。

因此，根据小李眼神闪烁，不敢直面领导，领导确定他对这件工作没有绝对的把握。

3. 手势。不同性格的人，在与人沟通时也都有自己的风格，因此我们在回答别人的问题时，要学会"眼观六路，耳听八方"，根据对方的微动作来辨别怎样回答这个问题。以下是几种常见的动作及其含义。

双手抱臂，表示对方的提防与抗拒；不停地搓手，表示内心紧张与焦虑；无意地踮脚，表示故作镇定；握手时紧握并用力，说明对方热情好沟通；握手时蜻蜓点水，说明对方自我保护意识重。

第五章

变换思路

——遇到棘手的问题，换个角度来作答

回答问题之前，我们得先搞清楚提问者的动机是什么，不要盲目地按照惯性思维去回答。通常，回答提问时，留给我们的思考时间是非常短暂的，这就要求我们必须具备快速变换思路的能力，也就是说，面对不同的问题，要掌握从不同角度去思考问题的方法，只有这样才能让棘手的问题变得不难回答。

接话最关键的难点在于思维力

▶ 接话的能力，直接体现了一个人说话的技巧与智慧。当遇到难以回答的问题时，巧用逆向思维，有时会让问题变得格外简单。

有一个人来到一个小镇上，并在那里开了一个加油站。没想到，那个加油站的生意非常好。第二个人来了，开了一家餐厅。第三个人来了，开了一个超市。然后，这个小镇很快就变得繁华起来。

在另外一个小镇上，有一个人也开了一家加油站，并且加油站的生意也非常好。第二个人来了，也开了一个加油站。第三个人来了，同样开了一个加油站。然后第四、第五个人也开了加油站，形成了恶性竞争。于是，大家都变得没有生意可做。

思维决定了一个人的行为，不同的行为方式会产生不同的结果。即使同一个问题，如果用不同的方式思考，就会出现不同的回答，这些回答可能是精彩的或平淡的，也有可能是糟糕的。大家在日常生活和工作中，经常会遇到一些难以回答的问题，抛开问题本身的难度，思维方式是这类问题难以回答的主要因素。我们可以从难以回答的常见问题类型入手，做到具体问题具体作答。

1. 问题本身难度大或问题太过专业，难以给出正确答案。例如：

"什么是相对论？"

2. 开放型问题，问题的答案不具有唯一性。例如：

"您对公司有什么意见？"

3. 压迫型问题，表面上看是选择题，但备选答案中没有正确答案。例如：

女人问男人："我和你妈妈同时掉进水里，你会先救谁？"

4. 尴尬型问题，答案难以启齿，或不方便在公共场合说。例如：

"你还没有交到女朋友吗？是不是身体出了什么问题？"

俗话说："蜀道之难，难于上青天！"蜀道为什么难？因为没有路，所以才难。同理，为什么一些问题在某些人看来难以回答呢？因为这些人不具备回答这类问题的思维能力，缺乏创新思维。如果面对难以回答的问题，能够从多角度进行思考，问题就会变得简单。

一位年过半百的贵妇问萧伯纳："您看我有多大年纪？"

"看您晶莹的牙齿，像 18 岁；看您蓬松的卷发，有 19 岁；看您扭动的腰肢，顶多 14 岁。"萧伯纳一本正经地说。

贵妇高兴地笑了起来："您能否准确地说出我的年龄来？"

"请把我刚才说的 3 个数字加起来。"

面对这个棘手的问题，萧伯纳的回答出人意料。这种回答问题的方式在各种社交场合都非常实用，抛开问题本身，从另外的角度去思考，往往能够收获意料之外的精彩。

有一个音乐家在监狱里经常拉小提琴。到了执行死刑的前一天，他依然如此。狱卒问他："你明天就要死了，今天你还拉它干什么呢？"

音乐家说："明天就要死了，今天我不拉，还等什么时候拉呢？"

音乐家的回答起到了"既在情理之中，又在意料之外"的效果。这种反问式的回答，既能回答对方的问题，又能驳得对方哑口无言，在面对一些针锋相对的问题时，尤为适用。

幽默风趣的回答，并不是想一想就能够拥有的，这需要我们从日常点滴做起，改变自己的思维模式，从而完成从量的积累到质变的过程。这个过程本身并没有多么艰难，需要我们做出调整的关键是思维习惯，也就是打破惯性思维，学会逆向思维。

　　什么是逆向思维呢？举个简单的例子。大家都听过司马光砸缸的故事，司马光的朋友掉进大水缸里了，正常的思维模式是"救人离水"，而司马光运用的就是逆向思维，"让水离人"，因此他果断地用石头把缸砸破，救下了自己的小伙伴。

改变惯性思维，把握接话先机

▶ 提高思维能力的关键在于使思维脉络清晰化。一旦思维脉络的重点厘清了，一切问题也就迎刃而解了。

萧伯纳有一次因脊椎疾病住进了医院，需要从脚跟上截一块骨头补到脊椎上来。手术完成以后，医生想多捞一点手术费，就说："萧伯纳先生，这可是我从来没有做过的新手术啊！"萧伯纳一听，就明白了医生的意思，笑着回答说："那好极了，请问您打算给我多少试验费呢？"

每个人提的任何一个问题，都有内在的动机，只不过有的问题动机很明显，就显现在问题中，而有些问题，动机隐藏得很深，需要仔细地思考才能体会到。面对提问，回答者的选择很多，想清楚提问者的动机是回答问题的关键，这就要求回答者要具备多元化的思维。

萧伯纳的反击幽默机智，正是建立在他听出医生话中动机的基础上，率先出击，从而占据了先机。生活和工作中，我们不妨学习一下萧伯纳的这种回答问题的方式，用心辨别提问者的动机，先于对方提问，占据主动，不要等到被对方接二连三的问题逼到墙角时，再疲于应付。

小张是公司的技术员，深得老板信任。有一次，老板想安排小张和自己一同去美国出差，结果想要跟老板一起出差的人很多，一时间这件事成为公司热议的话题，业绩比小张好的员工也有不少，这让老板的压力很大。

这一天，老板当着大家的面问小张："小张，你英语口语很不错，对吧？"

小张没多想，谦虚地回答道："哪里哪里，我英语口语很一般。"

小张话音刚落，其他同事纷纷自荐："老板，我的英语口语很好！""老板，我的口语很不错，沟通完全没问题！"

小张猛然醒悟，原来老板是想给自己一个机会，然而，自己这个回答等于将机会拱手让给了别人。事实也是如此，最后老板将机会给了那位"口语很不错，沟通完全没问题"的同事。

很显然，上述案例中，小张并没有体会到老板提问的真正目的。小张的回答虽然中规中矩，却答非所问，结果导致自己错失机会，也很有可能就此失去老板的信任。说到动机方面，比老板的问题更难回答的，就是女人的问题了。下面举两个简单的例子。

女人问："你更爱过去的我，还是现在的我？"

这个问题的动机不是让你做选择题，而是考验你对她的爱，期待你给她一个安心的答案，甚至是暗示你，现在她内心对你缺乏安全感。如果不知道对方的潜在动机，这个问题无论你怎样回答都是错的。

女人问："你和别的女人在一起，也是这样吗？"

看到这个问题，先不要忙着发誓。虽然这个问题的动机看似就呈现在问题表面，如果只忙着回复"你在我心中是独一无二的""你在我心中是无可取代的"之类的誓言，那么，同样的问题再问一遍，你该如何回答？其实女人在问你这个问题的时候，潜在的动机是想问你有没有把她放在心里。

因此，单纯从问题表面是很难听出对方的动机的。这个时候，不妨结合对方说话的表情、语气等信息来分析对方的动机，明白对方到底是什么心理，这样既能抢占先机，又能避免答非所问造成的尴尬局面。换句话说，就是不要沿着对方提出问题的表面，即不要按照惯性思维来思考。

因此，锻炼自己的思维，要对每一个问题，既要考虑它原有的知识基础，又要考虑由它引出的知识内容。只有这样，我们才能更好地提高思维能力，提高接话的能力。

很多问题，没有唯一的答案

▶ 回答问题时，离不开对问题或行为进行分析，只有在分析的基础上回答，并且有依据、有说服力，才是一个理想的答案。

一位科学杂志记者为了写一篇题为《伟大的科学家所提的伟大问题》的专题报道，打电话向阿尔伯特·爱因斯坦预约采访，爱因斯坦答应了。

"爱因斯坦先生，我只想问一个问题，"记者拿着笔记本准备记录，"我们想对每位科学家提出的一个最关键的问题是：一位科学家所能够提出的最重要的问题是什么？"

爱因斯坦向后伸展了一下身体，想了10分钟，说："这是个好问题，年轻人。值得严肃地回答。"爱因斯坦说着拿出烟斗吸了两口，然后继续沉默，又深深地思考了几分钟。记者充满期待地等着，随时准备记录听到的一些重要公式，或是量子理论的假设。

然而记者得到的回答，却让他停下来细细地思索。"年轻人，"爱因斯坦严肃地说道，"我能问出的最重要的问题，就是：宇宙是不是一个友善的地方？"

"您这是什么意思？"记者问，"最重要的问题怎么会是这个呢？"

爱因斯坦郑重地答道："因为对这个问题的回答决定了我们如何去生活。如果宇宙真的是个友善的地方，那我们就应该下功夫去搭建桥梁。否则，人们会不惜穷尽一生来筑造高墙。不管怎样回答，都取决于我们自己。"

许多问题的答案并不具备唯一性，尤其是开放性问题，对一个人的知识水平和语言表达能力要求很高。同一个问题，不同人有不同的看法，也会表达出不同的观点，给出的答案也就不可能相同。

此类问题的答案没有所谓真正意义上的正确与否，但是却有回答质量的高低之分。例如，上面故事中爱因斯坦的回答，也是仁者见仁，智者见智。故事中的爱因斯坦先是给出了意外的回答，引起记者的疑惑，再补充解释自己为什么这么说，使记者肃然起敬。这是他个人的回答，体现了他对宇宙和人类的深思。这个答案是由他超乎常人的思维高度决定的，换作别人的话，则可能提出其他方面的问题。每个人的思维方式不同，这就是为什么有些问题不同的人有不同的答案。

那么开放性的问题该怎么回答呢？这就要求我们能够正确地理解问题，从多个角度去思考答案，并表达出来，正因为如此，此类问题的回答效率通常都非常低。例如："你今天都做了哪些事？""你业绩这么好，能不能给我提点建议？"此类问题的答案对回答此类问题借鉴意义不大。想要给出高质量的回答，还是要在思维方式上下功夫，比如做好以下几点：

1. 多注意细节，分析隐藏在问题背后的动机，找出能够证明自己观点的事实，提高回答问题的可信度。

2. 回答要简洁有力，思维上尽量具备创新、活力等因素，避开自己的弱项，如果没有十成把握，就不要轻易以弱示人。

3. 回答时要彰显个性，同时还要把握好尺度，不能过分吹嘘，也不能过分谦虚，答案不能过于平庸，如果答案与其他人的回答没什么两样，就很难赢得关注。

4. 除了要注意回答问题的方式和技巧外，回答问题的语气也很重要。人们对于那些能够流利回答相似问题的人，会给予更高的评价。直接回答问题，还回答得结结巴巴，就很难赢得别人的好感，即便回答很独特。

总而言之，改变思维方式源于我们的逻辑分析，源于我们的细心观察和推理，因此，我们要有一双善于发现问题的眼睛和善于倾听的耳朵，透过一些复杂的现象，按照逻辑一步步分析问题，这样才能获得真知灼见，进而给出令人无法辩驳的答案。

避实就虚，让回答变得更高效

> ▶ 遇到复杂的问题，可以将问题化整为零，选择一个容易回答的侧面，再循着其中的逻辑关系找到你所需要的答案。

某位讲师到××大学演讲，演讲现场有学生处李处长、保卫科科长等领导，学生处李处长是一位50多岁的女性。当演讲结束时，坐在李处长旁边的一名学生干部提问："老师，今天您的演讲十分精彩，大家都听得热血澎湃，但是我发现我们的李处长一次也没有鼓掌，你能否再演讲3分钟，让我们的李处长鼓一下掌？"

背景是，李处长是位教授，50多岁，堪称这个领域的权威，而这位年轻的讲师只有20多岁。如果你是这位年轻的讲师，在这样的场合，你将怎样回答这个问题？

相信许多人在生活和工作中，都遇到过类似的问题。暂且不论提问者是想要达到什么目的，还是故意刁难，就此类问题本身而言，回答起来十分考验一个人的智慧。以案例为例，如果讲师选择绕开问题，不去回答，整场演讲就会变得虎头蛇尾，之前的一切努力都会付诸东流；如果选择挑战权威，即便赢得认同，恐怕也会毁掉形象。

首先，让我们来看问题本身："我发现我们的李处长一次也没有鼓掌，你能否再演讲3分钟，让我们的李处长鼓一下掌？"表面上看起来是一种刁难，实际上，问题背后隐藏着的观点是"质疑"；其次，提问者将权威的女教授搬出来，为问题回答设置了"拦路虎"，增加了回答的难度；最后，"让我们的李处长鼓一下掌"具有一定的迷惑性，如果按照惯性思维，纠结于怎样让女教授鼓掌，那么这个问题就没有办法回答了。

下面，就让我们看看这位年轻的讲师是怎样回答的：

今天，能受到××大学学生处的邀请，来到××大学演讲，我非常荣幸，各位同学给我如此热烈的回应，我很感谢！在此，要向你们深深地鞠上一躬，谢谢你们！今天，李处长没有给我掌声，我想说三点：

第一，李处长年龄比我大一倍，她是一位知识渊博、阅历丰富的老教授，今天能来现场听我的演讲，对我而言就是最大的荣誉，我有什么资格要她的掌声呢？李教授不仅来听20多岁、刚刚大学毕业的我的演讲，还坚持听到现在，这已经是对我最大的支持了。因此我要再次感谢李教授，让我们将最热烈的掌声送给李教授，好吗？

第二，今天，李教授没有给我掌声，说明我一定还有很多不足，还需要很大的提升，李教授不给我掌声，一定是希望我能够走得更远，能够更加成功。以后我一定会虚心向李教授请教，弥补自己的不足，我也相信，李教授一定会帮助我、指点我，指出我的不足，让我获得更大的进步，李教授，您说是吗？

（李教授伸出了大拇指，全场掌声。）

第三，我相信，有了李教授的指点与帮助，我未来一定会更加优秀。今天，李教授没有给我掌声，我相信，未来5年、10年以后，等我再次回到××大学演讲的时候，李教授一定会给我掌声的。

面对刁钻的问题，能回答最好，如果不能回答，就不要将回答放在问题本身，可以错开话题，就像案例中年轻讲师的做法，列出"第一、第二、第三"，让回答有条理，回答得精彩，自然就会赢得掌声。年轻讲师通过这样的回答，成功利用谦虚和赞美，将"掌声问题"留到5年、10年以后，同时其精彩的回答也赢得了全场的喝彩。

回答复杂而刁钻的问题时，要掌握好以下几个技巧：

1. 用自己的语言、表达方式将问题重新表述，让自己对问题的理解变得清楚，更容易想到答案。

2. 通过简化推论或直接抛开无关因素、不可能因素以及方向，缩小问题包含的范围，使问题范围得到限定，这样问题的解答就会变得清晰、容易。

3. 简明地列举出所有你在寻找答案时应当加以考虑的各种方案、可能性、情况、安排、组合等。

4. 将各种可选方案按一定逻辑关系整理出来，以便于追踪、考察、说明所有已知的或看起来有可能的答案。

5. 想不出答案时，要及时停下来，重新考虑思路是否正确，然后换到完全不同的思路和观点上，并重新开始思考。

变答为问，将问题还给提问者

▶ 如果有人对你提出刁难性的问题，该怎样回答？最恰当的方式，当然是以彼之道，还施彼身。这样既能避免引起敌意，又能在接话时不落下风。

小林应聘某企业的工程师。面试进入了尾声阶段，HR 对小林的表现还是比较满意的，但就在这个时候，HR 问小林："你了解我们的企业文化吗？"

小林也是有备而来，面对这样的开放性问题，心中暗道："真应该感谢这个面试官，这又是一个给自己加分的机会。"小林在来面试之前，对企业的发展战略、产品、市场、企业文化等都通过网站进行了了解。

事实上，小林的了解也仅限于表面，真正回答起来，他感到了问题的棘手，想要从管理方面入手，但很难说清楚，又不能说不知道，不知道为什么还要来应聘呢？小林只好选择了"了解一些……"这样的回答。

没想到，HR 继续追问："你都了解些什么呢？随便说说。"

小林尽力回忆关于创新方面的知识进行高谈阔论，HR 的眉头渐渐皱了起来，最后打断了小林，说："时间差不多了，今天的面试就到这儿吧！"

然后，HR 在小林的面试记录上写下了这样一句话："作为工程师，对不清楚的事情信口开河，这一点需要用人部门特别注意。"

面对这样的问题，应该怎样回答呢？首先，还是要遵循"知之为知之，不知为不知"的原则，对于不了解的领域，一定不要瞎说；其次，采用虚心求教的方式，将问题重新抛给提问者；最后，反客为主，变答为问，绕过对方的问题，给对方提一个问题，让对方陷入被动。

1927 年，浙江省某县选录县长，朱懋祺前去应考，顺利通过笔试之后，朱懋祺成功进入到最后的面试。面试过程中，主考官朱家骅一言不发，静静观察考生回答其他两位考官提出的问题。

面试即将结束时，主考官提出了一个刁难性的问题："《总理遗嘱》朝会、纪念周都要诵读，无不烂熟，请你回答，一共有多少字？"朱懋祺知道这是一个脱离常规的问题，而且自己根本答不出来，既然答不出来，不如"以难制难"，于是反问对方："主考官的尊姓大名，天天目睹手写，也已烂熟，请问总共多少笔画？"

朱懋祺的回答引起了朱家骅的赏识，当即录用了朱懋祺。其他考生回答"不知道"，虽然回答的是实话，但从回答中难以体现出他们的敏捷的思维能力。

对于类似难题，如果提问者本身没有恶意，我们不妨用友好的态度向对方请教，先不说自己不知道，而是反问对方。例如："你知道天上有多少颗星星吗？""这是个有趣的问题，请问你知道吗？"

　　需要注意的是，在变答为问的时候，反问的问题最好与对方问你的问题有一定联系，这样才具有威慑力。如果你的反问与原话题无关，一方面，对方会感到莫名其妙；另一方面，如果这个问题没什么难度，对方回答出来了，最终难题还是会落在你的身上。

集中思维训练法——打破惯性，放飞思维

▶ 人的思维是无限的，当我们面对一个看似无法回答的难题时，自己一定要明白，这只是我们的思维定式所致，只要我们能跳出固有的思维模式，就一定能找到答案。而且往往越难回答的问题，越会催生出精彩的回答。

"你参加赛跑，超过第二名，你是第几名？"如果你的回答是第一名，那你就错了，因为你超过第二名，你只是取代了第二名的位置，因此正确答案是第二名。

答错了别气馁，再看这道题："你参加赛跑，超过了最后一名，你是第几名？"如果你的回答是倒数第二名，你又错了，最后一名怎么超？

仔细想想，题目本身并不难，为什么你会答错？其实，这都是我们的惯性思维在作怪，此类题目本身就是按照人们的惯性思维来设置的，很容易就会被带入思维的误区。想要让各种难以回答的问题变得不难回答，我们就要通过训练改变自己的思考习惯。

惯性思维又称作思维定式。所谓思维定式就是按照积累的思维活动经验教训和已有的思维规律，在反复使用中所形成的比较稳定的、定型了的思维路线、方式、程序、模式。举个简单的例子：当你看到"××公安局长率领干警破获一起××案件"的新闻时，潜意识中公安局长这一角色一定是男性，如果新闻中继续报道："这位女局长……"你一定会发出惊叹，这就是惯性思维。

　　惯性思维当然也有积极的作用，但对我们思考问题的限制同样明显。有这样一个著名的试验：将6只蜜蜂与6只苍蝇装进一个玻璃瓶中，然后将瓶子平放，让瓶底朝着窗户。结果怎样呢？蜜蜂不停地在瓶底找出口，一直到它们力竭倒毙；而苍蝇在不到2分钟的时间内就穿过另一端的瓶颈逃离了。

　　蜜蜂基于出口就在光亮处的思维方式，想当然地设定了出口的方位，并不停地重复这种"合乎逻辑"的行为，这种思维定式，导致它们无法逃脱。而苍蝇对所谓的逻辑毫不留意，却凭借四下乱飞找到了出口，并且成功逃离了瓶子。

　　惯性思维是怎样形成的呢？人们先前形成的知识、经验、习惯等使人形成可认知的固定思维倾向，进而会影响后来的分析、判断，这便形成了惯性思维，惯性思维最大的缺陷就是让人摆脱不了已有束缚。如果想要提高自己应对问题的能力，就必须从冲破思维定式开始。让我们看看下面这则打破惯性思维的故事。

　　清朝，在通山县有个叫谭振兆的人，小时候家里比较富裕，父亲

给他定了亲，亲家是同村的乐进士。后来，谭振兆的父亲去世了，谭家开始家道中落，乐进士便想悔婚。

这一天，谭振兆去拜见岳父。乐进士对他说："我做了两个阄，一个写着'婚'字，另一个写着'罢'字。你拿到'婚'字，就把女儿嫁给你；拿到'罢'字，咱们就退婚，从此谭乐两家既不沾亲也不带故，两个阄你只看一个就行了。"说完就把阄摆了出来。

谭振兆心想：这两个阄分明都是"罢"字。他立刻拿了一个阄吞在腹中，指着另一个对乐进士说："你把那个阄打开看看，若是'婚'字，我马上就离开，咱们退婚；若是'罢'字，那就说明我吞下的是'婚'字，这门亲事算定了。"

乐进士没想到煞费苦心制造的骗局却被谭振兆识破，没办法，只好把女儿嫁给谭振兆。

要想打破思维定式，首先就要学会如何根据当前的情境或对方的性格来选取不同的沟通策略。对上述故事中的谭振兆来说，乐进士的意图是显而易见的，那么顺着对方的思路走很可能要吃大亏，但是直接拒绝又在情理上落了下风，于是才有了"反向抓阄"这个绝妙的应对之策。

惯性思维不是一下子就能打破的，这需要我们在日常生活中经常练习。下面几种方法可以帮助我们抓住谈话的要点，引导自己的思维朝着有利于沟通的方向转变。

1. 肯定对方的观点。在日常的沟通中，双方意见不一致的情况是经常会发生的，当对方提出你不同意的观点时，你会怎么回应呢？"我觉得这个方案不太现实。"这样的答案很可能会让沟通以尴尬收场，甚至引发双方之间的矛盾冲突。而高情商的人则会顺着对方的观点，先表达自己的赞同，再抛出自己的疑问。比如"你的方案很有创意，你能详细说说具体怎样实施吗？"

2. 使用开放性问题引导对话。高情商的人在接话时，往往会用开放性的问题来引导对方，让对方有更多的机会来表达自己的观点。比如，当对方说："我最近工作很忙。"你可以这样回答："你最近在忙些什么工作呢？有什么我可以帮忙的吗？"

3. 及时回应对方的情绪。有时双方的沟通并不是交流观点或想法，而是寻求情感上的慰藉。比如，当对方说："我真是失望透了。"高情商的人会这样回答："我很能理解你现在的感受，你愿意和我分享一下为什么吗？"这样既可以引导对方敞开心扉又可以让对方感到被关注和理解。

4. 注意非语言信号。除了语言上的交流，人们还经常通过非语言信号来传递信息，比如眼神、表情、手势、身体姿势等。高情商的人在接话时，不仅会注意语言表达，还十分在意非语言的沟通信号。比如，当对方显得有些不耐烦或者不屑一顾时，高情商的人不会等对方说出来就会自动转移话题或者更换更恰当的沟通方式。

5. 避免转移话题过快。有时候，对方表达的观点或者提出的问题可能不是我们很感兴趣或者很熟悉的内容，但这是对方关注的重点。高情商的人会尽可能地认真聆听和回应，而不是快速地转移话题。如果确实需要转移话题，也要以一种自然、流畅的方式进行。

6. 注重表达方式。对沟通的质量影响最大的，往往不是沟通的内容，而是双方采取的沟通方式。高情商的人会根据对方的性格、文化背景等选择合适的表达方式，以便更好地与对方接洽。比如，对比较内向、敏感的人，要更加注重语气、措辞等细节；对比较外向、直爽的人，则要注意表达逻辑一定要清晰、直接。

第六章

实战演练

——强势对答，不如四两拨千斤

回答别人的问题时，只有准确地揣摩出对方的心理，才能答得滴水不漏。如果你了解提问者的心理需求，知道他们内心真正想要得到的答案，并引导他们的逻辑思维，就能达到反客为主的效果。

集中注意力，让倾听变得更有效

▶ 在别人的语言里，有鲜花，有荆棘，有废渣，有珍珠，有林林总总的一切，唯有细心的倾听者才能从中听到问题的答案。

有位顾客买了一套西装，回家后发现衣服掉色，于是就拿着衣服去找售货员，要求退货。

售货员不同意退货，两个人谈话的声音越来越大，最后发展为争吵。

店面经理听到争吵声后，急忙走出来，让顾客别着急，慢慢说。

等顾客说完后，经理回应说："真的很抱歉，我并不知道这套西服掉色，您认为现在应该怎么处理呢？我们完全听您的意见。"

听到经理这样说，顾客情绪平和了许多，但还是坚持要求退货。

经理说："现在退货有点困难，如果现在退货，您要一星期后才能拿到钱，能否麻烦您先试穿一个星期呢？如果那时候您还坚持退货，我们马上给您退！"

一星期后，顾客并没有来店里，因为顾客穿了一星期后，发现西服不再掉色了。说与听是一体两面，在说话的同时，要学会如何敞开心扉去倾听对方的声音。一个人如果会倾听，能感同身受，就有无与伦比的魅力。就像上面故事中的这位经理，耐心地把话听完，本身就是一种最好的回应方式。

英国学者约翰·阿尔代说："对于真正的交流大师来说，倾听和讲话是相互关联的，就像一块布的经线和纬线一样。当他倾听的时候，他是站在他同伴的心灵的入口；而当他讲话时，他则邀请他的听众站在通往他自己思想的入口。"

通常，当你听别人说话时，要想真正听懂对方的话，要做到如下几点。

1. 如果不懂，就请听别人把话说完，这就是"听的艺术"，听话不要听一半。

2. 不要把自己的意思，投射到别人所说的话题上，要等对方把他所要表达的意思表达完整。

3. 设身处地地倾听，通过对方的言谈，明了对方的观点、感受和内心世界。这种倾听要耳到、眼到、心到，用眼睛去观察，用心去体味，真正进入他人的感受，而且还能把它投射回去。

4. 面对对方，聚精会神、专心致志地听，对对方的话感兴趣，不走神、分心。

世界上有两种力量非常伟大，其一是倾听，其二是微笑。你倾听对方越久，对方就越愿意接近你。倾听是一种礼貌，是一种尊敬讲话者的表现，是对讲话者的一种高度的赞美，更是对讲话者最好的恭维。倾听能使对方喜欢你，甚至信赖你。

每个人都希望获得别人的尊重，受到别人的重视。当我们专心致志地听对方讲，努力地听，甚至是全神贯注地听时，对方一定会有一种被尊重和重视的感觉，双方之间的距离必然会拉近。

　　因此，在说话或回话之前，只有倾听，才能感悟出对方的思维模式，捕捉他的真实意图。倾听是成熟人最基本的素质，一个善于沟通的人首先应该是一个听众。据社会心理学家统计，我们有50%～80%的时间在与人沟通，而在这沟通的时间内，有一半的时间是在倾听。

随机应变，把握应答"三点法则"

> ▶ 每一个问题都可以分三点来回答，这是一种发散思维，有利于我们从不同角度、不同方向去思考问题，从多个方面回应对方。

杨澜大学毕业的那一年，正逢央视《正大综艺》节目招聘主持人，杨澜进入面试阶段，遇到了在当时来说极具挑战性的问题，考官提出的问题是"你敢穿三点式吗？"

杨澜想回答"不敢"，但她知道，这个问题没那么简单，略作思考，她说出了她的答案："这不是敢不敢的问题，而是一个得不得体的问题。如果在美国西海岸的浴场上，穿三点式是很正常的事；如果在一个民风淳朴的山村大街上，穿三点式是对那里人们的一种亵渎；如果在浴池里，穿三点式纯属多余。"就这样，杨澜走进了央视。

面对同一个问题，倘若回答方式不同，就会呈现出不同的效果。案例中，如果杨澜只是根据问题表面来回答"敢"或"不敢"，恐怕她也就不会通过面试了。我们以"你敢穿三点式吗"这个问题为例，具体分析一下。

一是，时代背景。这个问题放到现在来说根本算不上刁钻，但是在当时，这个问题是很敏感的话题，问题设计者也可谓十分大胆。

二是，问题动机。单纯从表面上看，这个问题给了"敢"与"不敢"两个备选答案，但是，提问者的动机重在考察应聘者应对尖锐问题时的随机应变能力，而不是真的问其敢不敢。

杨澜的回答的精彩之处在于，她先是犀利地否定了"敢与不敢"，用自己的观点将问题替换成"得体与不得体"，然后围绕着自己替换的问题进行了作答，既陈述了自己的观点，又表现出了自己的思考能力。

想要让自己的回答有效，需要做到以下几点。

1. 真实。就是说真话，保持真诚，不能为了表现自己从而说一些虚伪的话，给出不符合事实的答案。

2. 直接。回答问题直接明了，直接将自己的观点表达出来，不要说一堆大而空的话，引起别人的反感。

3. 具体。回答问题要具体，不要带"大概""可能""或许"等字眼，回答过于笼统，会让人感觉你很不真诚。

4. 适量。所谓适量就是"点到即止"，回答的话不在于多，而在于精。

想要将问题回答得更精彩，还必须掌握回答的"三点法则"。也就是说，回答别人问题时，最好传递给别人三个重要信息，这个数量不多不少，刚好合适，太多别人会遗漏，太少会显得论据不足。杨澜正是用"三点法则"回答了"三点式"的问题。例如：

"听说你一直在上英语口语课，学了多少次？效果怎么样？"

回答这个问题，如果用"没多少次，效果一般"来回答，内容就太空泛了，提问者接收不到任何有用的信息，如果用"三点法则"，列出三个重点信息，回答效果就会完全不同。

"我去过 7 次，每周 2 节课，总共要上 24 节课，目前我已经能和外教简单交流了！"

任何问题，都可以将"三点法则"运用到回答中。但话说回来，茶壶里能不能倒出饺子的关键，并非取决于茶壶嘴的大小，而是取决于茶壶里有没有饺子。如果茶壶里没有饺子，茶壶嘴再大，也倒不出饺子来。

遭遇尴尬问题，转移话题也是一种尊重

▶ 在我们日常的沟通中，难免会碰到一些尴尬的情况，这时不妨巧妙地转移话题，也不失为一种打圆场的方式。这样不仅能让大家气氛融洽，还能提升我们的人际关系。

一家大公司招聘了一批新员工，公司老板为此特意召开了新员工见面会。会议一开始，老板对大家说："为了让我们彼此熟悉，我喊到名字的，本人就站起来答一声'到'。"当老板叫到"李华"时，全场一片安静，没人应答。

老板又叫了一遍，这时才有个新人怯生生地说："我叫李晔（yè），不叫李华。"顿时，人群中传出几声窃笑，老板脸上有些不悦。

就在这时，一名员工站起来说："报告老总，我是打字员，是我一时疏忽将员工名字打错了，对不起！"老板顺势说了句："以后注意点，别太马虎了。"然后继续念了下去。

实际上，这位替老板解围的员工并不是打字员，他也是一名新人，见到老板难堪，才及时站出来巧妙地替老板挽回颜面。不久之后，这名员工迅速得到老板的提拔，成为公司公关部门的经理。

人人都有虚荣心，尤其在遭遇尴尬时，我们都希望有人能站出来帮我们做出回应，来维护自己的面子，替自己解围。换位思考，如果在他人遭遇这种情况时，我们能冷静思考，果断出击，帮助他人缓解尴尬，使人挽回颜面，那么一定会赢得当事人的尊重。

俗话说，"锦上添花易，雪中送炭难"，恰到好处的解围回答就能起到雪中送炭的效果，案例中这位新员工适时的解围应答，缓解了老板的尴尬，同时也赢得了老板的好感，也为日后职业发展奠定了一个良好的基础。但是，毕竟帮助别人解围属于突发状况，考验的是一个人的机智，如果在不能确定自己是否可以驾驭这个问题时，最好不要盲目替别人回答，以免适得其反。

那么，遇到答不上来或不想回答的问题时，怎样回答才能保证尊重对方呢？心直口快地责问对方只会把谈话推向死胡同。例如下面这段对话：

甲："听说前不久你生病住院了，是吗？得了什么病？病得严重吗？"

乙："你怎么哪壶不开提哪壶！"

甲的提问是出于对乙的关心，但乙的回答却让甲十分尴尬，对别人的问题如果不想回答，那就转移一下话题，巧妙避开我们不想谈论的问题。例如这样回答：

甲："听说前不久你生病住院了，是吗？得了什么病？病得严重吗？"

乙："唉！人生就像一辆日夜奔行的车。我这辆车该保养了，还没有好好保养过。对了，我想起来了，上次你不是说要买一辆二手车，买了没有？"

甲："没买呢，车主开价太高。"

乙："他要多少钱？"

甲："要8万，你说贵不贵？还不如买辆新车呢。"

乙："这个价位的确是高了点，再添点钱就可以买辆不错的新车了。"

这个回答就比上一个回答要好得多，第二个回答把自己不想回答的问题成功转移了。当然，转移话题最好是能找到两个人都感兴趣的话题，这样才能提高成功率。那么，当你转移话题后，对方会不会察觉，会不会继续追问呢？

哈佛大学肯尼迪政治学院的托兹·罗杰斯与商学院的迈克尔·诺顿做过这样一个实验：实验过程中，他们让参与者观看4分钟的政治辩论视频。视频分为两种：一种是直接回答问题；另一种是回答者有意避开原有话题，而是回答了一个相似的问题。每个参与者随机选择一种视频观看。

视频看完后，研究人员开始提问："你刚才的问题是什么？"结果令人吃惊，看"回答相似问题"的人，有40%的人回忆不起当时的问题，选择"直接回答问题"的人中，大约有 90% 的人记不起刚才的问题。例如：

女朋友问："我穿这条裤子看起来很胖吗？"

这个问题怎么回答都不好，那么你可以试着转移话题，如这样回答：

"昨天买的裤子吗？在哪儿买的？这条裤子看起来不错，穿着一定很舒服。最近你想去哪儿玩？"

这样一连串的提问，不仅不会给对方追问的机会，还可以继续发挥，将话题转移得更远一些。

无法正面回答的问题，无效回答更有效

> 无效回答是指用一些没有实际意义的话去做非实质性的回答。这类回答或者是答者无心，或者不愿意回答，因而用搪塞的话敷衍过去。

1986 年 6 月 22 日，世界杯足球赛四分之一决赛在墨西哥城阿兹台克体育场上演，对阵双方是阿根廷队和英格兰队。比赛进行到下半场第 6 分钟的时候，双方比分依然是 0：0。时任阿根廷国家队队长的是迭戈·马拉多纳，他先是将球分给边路的队友巴尔达诺，后者的射门被英格兰后卫霍奇挡住，然后回传给守门员希尔顿。

此时，马拉多纳抢到了第一点，但身高只有 1.68 米的马拉多纳面对人高马大的希尔顿，想头球攻门难度极大，于是马拉多纳选择了用手将球打入球门。由于他的个子矮小，动作十分隐蔽，主裁判纳塞尔没有发现，并判此球有效，最终马拉多纳率领阿根廷队 2：1 击败了英格兰队。这就是足球史上著名的"上帝之手"事件。

在赛后的新闻发布会上，面对记者关于这粒进球是不是手球的追问，马拉多纳回答说："一半是'上帝之手'，一半是马拉多纳的脑袋。"

无效回答就是用一些没有实际意义的话去做非实质性的回答，也就是说，回答了等于没回答。面对难以回答的问题，我们可以采用"无效回答"的策略，但要注意，无效回答并不等同于没有效果的回答，让无效回答变得有效就是回答难以回答的问题的又一技巧。

　　马拉多纳的回答就属于这种"无效回答"。从表面上看，马拉多纳并没有给出明确答案，但仔细分析后会发现，他已经委婉地承认了那一粒进球带有手球成分，而这就是典型的将有效回答隐藏在了无效回答之中。

　　当我们遇到令人尴尬的问题或者不想回答的问题时，这种方式还可以让我们摆脱别人问题的纠缠。例如：

　　问："看你这么开心，今晚有什么好事啊？"
　　答："没什么事。"
　　问："听说你要结婚了？"
　　答："哦，听谁说的？"

　　以上问答就属于典型的无效回答，这种让听者从回答中找不到任何答案的回答就属于纯无效回答。如果想让无效回答变得有效，或者说想将有效回答隐藏在无效回答之中，也有技巧可循，主要有以下几种方法：

　　1. 答非所问。答非所问就是面对别人提问时，故意装作听不懂。例如：

问："你幸福吗？"

答："我姓李。"

这种回答方式就属于答非所问，故意避开问题，让提问者摸不清回答者的真正意图，似乎回答者已经表明了态度，但又不好妄自猜测。

2. 无效逻辑。所谓无效逻辑，就是以论据为论点，反复证明，又没有实际意义。例如：

问："这对双胞胎姐妹，哪位是姐姐，哪位是妹妹？"

答："姐姐旁边的是妹妹，妹妹旁边的是姐姐。"

这个没有答案的回答，就属于循环论证，答案无效，又让人无从辩驳。

3. 模糊回答。模糊回答就是针对不同问题，采用回避、宽泛、含糊的回答方式，给出一个不确定的答案。例如：

问："什么时候有时间，来我家吃个饭？"

答："谢谢，等有时间我打电话给你！"

这种回答方式，会让你有更多的回旋余地，也许你并不想去，用这种方式回答，就可以避免尴尬地回绝对方，变无效为有效。

接话礼节——有礼有节会让沟通更融洽

> 我们在接话时既要保持谦逊的态度，又要展现一定的自信。因为谦虚过度反而会给人一种傲慢的感觉，所以我们要掌握好分寸，注意适度。

美国乔治顿一家服装店，有一个口齿伶俐的店员布拉姆顿小姐。

一天，布拉姆顿接待了一位年轻的女顾客。那位女顾客说："我想买一件最有刺激性的衣服，我要去肯尼迪中心，要让每个见了我的人连眼珠子都要掉出来。"

布拉姆顿说："我们这儿有非常漂亮的晚礼服，很适合那些自信心不足的人。"

"自信心不足的人？"女顾客瞪大眼睛，不解地盯住她。

"是啊，难道您不知道女人常用这个办法——穿一些令人惊奇的衣服——来掩盖她们自信心的不足吗？"

女顾客生气了："我可不是缺乏自信心的人。"

"那您为什么要使肯尼迪中心的每个人都羡慕得连眼珠子都要掉

出来呢？难道您不能不靠衣服而凭自身的美去吸引人吗？您很有风度，很有内在的魅力，可您却要遮盖起来，我当然可以卖给您一件最时髦的衣服，使您出尽风头，可是那样您就决不会明白人们停住脚步是为了您，还是为了注视衣服。"

那位女顾客想了想，突然明白了什么，说："是啊，我干吗要花一大笔钱买人家几句恭维话呢？真的，这些年我一直缺乏自信心，可我竟然还没有意识到这一点，我应该对您表示感谢！"

布拉姆顿这一席话赢得了顾客的信赖。

接话不只是回答别人提出的问题，还包括对别人观点的回应。接话的艺术不仅仅是机智、聪明的一种体现，更重要的是保证沟通的良好延续，并在沟通过程中赢得信任。案例中布拉姆顿小姐深谙其道，把握住了顾客的心理，通过坦诚的应答，在不伤害顾客自尊心的前提下指出了问题的症结所在，最终赢得了顾客的信任。

要想通过回话赢得他人的认同与信任，就必须注意回话的礼仪，有礼有节的回答会让沟通更加融洽，还能彰显你的个人魅力，更容易说服别人。回话应遵循的礼仪规矩，归纳起来主要有以下几点：

1. 称呼得体。称呼是语言交际的"先锋官"，正确而恰当的称呼不仅能体现出对对方的尊重和自身的文化素质，更能促进沟通的成功。称呼必须符合对方的年龄、性别、身份和职业等情况，对年长者称呼要热情、谦恭、尊重，对同辈要自然、亲切、友好，对年龄较小者要尽量谦和，对上级的称呼要真诚、尊重、不卑不亢。

2. 自我介绍。自我介绍是常见的开场应答问题。在进行自我介绍时，要尽量简洁清晰、充满自信，态度要自然、亲切、随和，语速要不快不慢，正视对方。良好的开端是沟通融洽的保证，千万不能应付了事。

3. 介绍他人。沟通过程中，经常会遇到介绍他人的情况，介绍他人时要注意顺序的礼节。顺序上，通常是将年轻人介绍给年长者，以示对年长者的尊敬；应将男性介绍给女性，将未婚者介绍给已婚者；等等。介绍时要保持自然，面带微笑，注意礼节。

4. 找个借口。必要的时候，我们还要学会找借口。例如，一个姑娘爱上了一个男孩，但不好意思到他家见他，于是她拿了一本书到他家，说："伯母，我来给××还书，他在吗？"再例如，一个男同学约一个女同学看电影，女同学不想去，又不想让对方下不来台，于是找个借口说："很抱歉，我今晚还有个约会。"

5. 多说"谢谢"。回答问题之前，说声谢谢很重要。例如："很感谢你一直关注我……""谢谢你能关心这个问题……"说声感谢很容易，这会让提问者感受到尊重，这样沟通起来就会变得融洽许多。

6. 学会赞美。喜欢听赞美是人的一种天性，因此在回答问题之前，我们可以这样说："你这个问题问得非常好……"对提问者来说，他的提问会因为你的赞美显得更加有光彩，但是这种赞美一要不失实，二要很具体，三要适可而止。

第七章

紧张的面试

——HR 的问题，并不像表面那么简单

　　走向工作岗位，经历面试是免不了的。对于用人单位而言，面试是考核求职者的仪表、性格、知识、能力、经验、思想道德和人品等方面的重要手段。对求职者而言，面试则是一次展现自己能力、实现自身价值的开端。面试的过程，也通常以问答形式进行交流和沟通。面对 HR 的问题，作为应聘者，我们要怎样回答，又要进行哪些准备呢？

迷雾重重，公司想要的答案是什么

▶ 面试回答问题的过程，其实就是展示自身优点的过程，你的优点才是用人企业所需要的。

小李是一位刚毕业的大学生，得知当地一家很有名的企业招聘销售人员，于是他很认真地准备了一份简历，按照约定的时间来到面试现场。

面试是在一间很大的会议室中进行，因为公司的这次招聘对象是应届大学生，因此来了很多人。来应聘的大学生走进会议室以后，大都选择了后排的一些座位，而前排空空荡荡。

对于平时就喜欢坐在第一排听课的小李来说，在这样的场合坐到第一排，的确需要勇气。不过，小李还是决定坐到第一排去。他的理由很简单："这样面试老师提出的问题我能听得更清楚一些。"

于是，会议室形成了强烈对比，第一排只有小李一个人，后面直到第四排开始，才有应聘的大学生，而且还没有坐满。正在大家等待面试开始时，面试官说话了："第一排这位同学，你被公司录取了，请问你个人有什么问题吗？"

面试官的话让应聘的大学生们惊讶不已，面试官陈述了录取小李的理由："我们公司对求职者的积极性要求很高，尤其是销售这个岗位，更应该主动接近目标客户。在面试现场，我们就是求职者的目标客户。"

不同公司，面试的手段可谓花样繁多，提出的问题也是各有特色，既有常见的问答形式，又会出现案例中小李遇到的情况。公司会在面试时，将问题隐藏在场景中，通过观察来获取信息，而应聘者的行为往往就是回答问题的过程。

有些公司在招聘方面花费了大量心思，设置了许多关卡，难道这一切，只是为了难为应聘者吗？显然不是，多数公司进行招聘时，目的性都非常强，需要什么类型的人才，就会通过什么问题来了解应聘者，分析应聘者是否适合这个岗位。

关于招聘，京东创始人刘强东曾经这样说过：

在京东，员工面试时要进行测试，被面试的员工分成五大类。一是废铁，能力不行，价值观不行，这类人过不了；二是铁，价值观很匹配，但能力不太行，京东会对这类人进行轮岗和培训，还不行就辞退；三是钢，能力和价值观都没问题，这些人占京东员工总数的80%，是京东的地基；四是金子，能力和价值观得分都很高，占京东员工总数的20%，这些人是京东的核心；五是铁锈，能力很强，但价值观不匹配，这些人一旦发现就会被清除。

从刘强东所说的这段话中，我们看出京东在招聘时，对应聘者的价值观非常看重，认为能力是可以培养的。这也说明，只凭借一份简历、行业分析报告，想要找到一份自己心仪的工作，目前看来是十分困难的事了。即便是很常见的一个面试问题，如果只按照问题表面回答，那么就可能无法给出公司想要的答案。例如：

　　"为什么想要来我们公司？"

　　此类开放性问题，回答起来很容易，但是想要回答好却很难，这就需要我们在面试前多了解该公司当前的一些情况，如公司的企业文化、公司的价值观，等等，回答问题时可以以此为核心来回答。通常，在面对面回答面试官的问题时，要把握以下几点原则：

　　1. 你不了解面试官，同样对方也不了解你，因此，在回答问题的过程中，要充分展示自己，不可妄自菲薄。

　　2. 保持问与答之间的沉默间隔，不要着急回答问题，这样会让你有更多的时间来思考，也会让面试官感受到你是一个充满自信的人。

　　3. 如果对方声音超过你，你可以突然把声音变轻，但要清晰，这种音量差会给对方造成心理压力，让面试官更想细心听你说。

　　4. 回答问题时，要看着对方的眼睛，如果对方回避你的目光，说明你比他坚强。

　　5. 人各有所长，也各有所短，面试官只是某公司的一个职位，因此回答问题时一定不要怯场，要展现自己的自信，切忌给人留下自卑的印象。

相关研究指出，一个人的成功，85％是由性格决定的，而个人的教育程度只占15％。因此，面试的关键是要对自己有一个清晰的认识，同时掌握一定的技巧和方法。面试回答问题的过程，其实就是展示自身优点的过程，你的优点才是用人企业所需要的。

主动推销自己，企业才会需要你

▶ 对于企业而言，更喜欢主动性强的人才。招聘方发布一个岗位往往会收到几百份甚至上千份简历，而 HR 可能连将简历看完的时间都没有。如果这个时候你能给用人企业打个电话，主动出击，那么这将会成为你走向成功的第一步。

小陈在一次招聘会上，看中了一家自己心仪已久的公司。于是，她投放了简历以后，并没有立即离开，而是站在公司招聘位置的附近默默观察，看一下给这家公司投简历的都有哪些人，自己与他们相比有哪些优势和不足。

第二天的一大早，小陈就按照招聘材料上的电话打了过去，接电话的是个年轻女孩。小陈告诉对方，她昨天投了简历，想知道什么时候会有结果。女孩记下了小陈的名字和电话，然后告诉小陈，面试通知在 3 天内就会回复。

第三天，小陈被通知参加面试，面试时小陈发现，只有 10 个人被选中参加这次面试。面试结束后，面试官说人事主管出差了，最后的结果还要主管回来后再定。又过了 3 天，小陈没有等到第二轮面试通知，于是她又打了个电话过去。

这次接电话的，还是第一次接她电话的那个女孩，她说她可以先帮小陈去人事部问问看。中午的时候，公司通知小陈当天下午去参加第二轮面试。下午赶到公司时，人事主管对小陈他们说："你们 4 个都去体检吧，体检结果出来后再说。"

然而，体检过后很久，小陈都没有等到公司的消息。她思考后，给公司打了第三次电话。公司的回复是："公司正在商量，等决定后再打电话给你。"就在小陈挂断电话后不到 5 分钟，公司通知小陈下周一到公司实习。

如今，已经升职为主管的小陈，在一次聚会中才知道，原来当初 3 个名单中，都没有她的名字，是她的 3 个电话给自己争取了 3 次机会。人事经理说："小陈，你很主动，尽管你不是面试中最优秀的学生，但公司选中的就是你的这种主动精神，当初，是你为自己赢得了工作机会，也为公司留下了你这个人才。"

面试时，用人单位会提出很多问题，且这些问题又有多种呈现形式。但是，归根结底用人单位的问题只有一个，那就是："你是我们企业需要的人才吗？"你的回答也只有"是"或"不是"两种。这与商业模式十分类似，交易的本质就是简单的"用我有的，但你需要却没有的物品，来换取你有的，但我需要却没有的物品"，然后慢慢出现了等价交换物，进而才逐渐演变出各种商业模式。

用人单位在招聘时设置的各种问题，其目的就是要通过你的回答，来弄清"你是我们企业需要的人才吗"这个问题，你对用人单位提出的各种问题的回答，其实就是证明自己"是"或"不是"的过程。区别就在于，你需要这份工作，而企业需要的不是你，而是适合企业某个工作岗位的人才。

上面的案例中，可以看出小陈是一个非常执着的人，虽然她不是应聘者中最优秀的，但是她相信自己有别人没有的优点，不懈地向企业证明她是公司需要的人才，她的坚持和执着，最终赢得了企业的认可。这是面试的诸多案例中，主动回答问题的一个典型，也就是说，小陈用行动主动回答了企业"你是我们企业需要的人才吗"这个问题。

因此，我们在面试时，要更加积极、主动、自信一些，在面试之前，做好充分的准备。准备工作也可以以问答形式呈现，例如给自己提出以下几个问题：

1. "我是谁？"对自己进行反思，分析自身有哪些优点和不足，写出答案，然后再按照重要性进行排序，这样就会对自己有一个清晰的认识。

2. "我想做什么？"想要想清楚自己的职业发展方向，不妨从自己的孩童时代开始回忆，想想自己真心向往、想要做的事情，认真地写下来，然后再进行排序。

3. "我能做什么？"将确实能证明的自身能力和自认为还可以开发出来的潜能都列出来，这是对自己能力和潜力的一个全面的总结。一个人的职业发展，最终还要归结于能力，而职业发展空间，则取决于自己的潜力。

4. "环境支持或允许我做什么？"环境包括单位、地区、国家等因素，只要自己认为有可能借助的环境，例如人事政策、企业制度、职业空间等，认真想清楚自己可能获得的支持和允许，并将其一一罗列出来，然后按照重要性进行排列。

5. "自己最终的职业目标是什么？"将前面四个问题分析清楚后，我们就能看出对职业目标有利或不利的条件，列出不利条件最少的、自己想做而且能做好的目标职业，这个问题也就有了一个清晰的答案。

做好心理准备，彰显自信从容

▶ 面试中的问答环节，其实是人与人交流的过程，也是求职者展现自身综合素质的过程。不要给自己徒增压力，越放松，越自信，距离机会就越近。

一位企业高管做客某节目。谈到自己当初面试的经历时，他回忆说："当时谈话没进行几句，面试官办公桌上的电话铃声响了起来，当时我想，与电话相比，面试的紧张程度还是次要的。于是，我在电话铃声响了两遍后，将电话拿起来递给了面试官。那位严肃的面试官难得露出笑脸，对我说：'恭喜你，你被录取了！'"

主持人："这背后有什么样的故事呢？"

这位高管说："后来我与那位面试官成了好朋友。有一次，我问他，当时为什么录取的是我而不是别人。他说，当时那个面试中的电话，是对每个应聘者故意安排的测试，能够主动中止面试而不影响他接电话的人，一定是一位深谙商务、宽宏大度、顾全大局的人才，你给出了完美的回答。"

主持人："这也告诉那些即将走向工作岗位的年轻人，在参加面试的时候，试题不再是学校里的试卷，也可能不是一对一的问与答。"

企业高管："是这样的。有的时候，人们把机会看得过于重要了，自认为准备得很充分，失败了又往往把责任归咎于客观因素，而忽略了真正考验一个人的是他的素养和态度。"

随着时代的发展，越来越多的企业在人才招聘方面对学历的看重程度越来越低，更侧重于能力、潜力以及素质等方面的综合考量。因此，企业在面试时的问题设置也开始出现了变化，不再是单一的问答模式。

从上面的例子中我们可以看到，目前很多企业已经将面试问题融入了场景之中，用以考量应聘者的综合素质。因此作为应聘者，回答已经不只是简单的语言回应，而是必须用态度、行为、个人素养来作答。因此，只有平时多注意培养自己的个人素质，积累自信心，才能在企业设置的情境问题中交出完美的答卷。

紧张是多数人在面试时容易出现的情况，很多人甚至不敢看面试官的眼睛，而眼神闪烁或东张西望，又容易给面试官留下不尊重人的感觉。实际上，这种行为就是不自信的一种体现。如果你是面试官，你会招聘一个连自信心都没有的员工吗？

流畅的交流、清晰响亮的声音、不卑不亢的回答，等等，这些都是在面试过程中自信和个人素养的表现，那么，我们怎样才能克服自己的心理障碍，又该在面试前做哪些心理准备呢？

1. 进行自我认知分析，通过回顾自己的经历，对自己的能力和兴趣有清醒的自我意识。

2. 听取第三方建议，减少心理压力，对可能出现的问题做出应对准备。

3. 面试前心理准备要做到以下"四个具备"。

（1）具备充足的信心。

（2）具备积极主动的求职意识。

（3）具备竞争意识。

（4）具备顽强意志。

另外，由于不同人的心理抗压能力不同，面试时的紧张程度也不同，但或多或少，都会出现一定的紧张情绪。如果出现不良心理，我们该怎样应对呢？

一是，积极的自我暗示。面试过程中，出现紧张情绪，多在心里给自己进行积极的评价，并对自己有积极的期待。

二是，有规律的放松。一旦身体有紧张反应或内心焦虑状态出现，可以进行有规律的深呼吸，尽量放松肌肉，以减弱身体的紧张状态，直到镇定自若。

小谭去一些企业面试过，每次面试时信心总是不足，面试的结果也都不是很好。第一次面试，一起参加面试的人里面有7个行业资深从业者、3个名校毕业生，竞争的岗位只有一个。

只看这样的岗位竞争，小谭就打起了退堂鼓，心里已经认定，这个工作对他来说没什么希望了。面试时，他回答面试官的问题也就数衍了事，最后面试的结果可想而知。

用小谭的话说就是，不想做徒劳的"挣扎"。

许多人在面试时都会存在一些心理问题，甚至原本已经有所准备的问题，临场时也会因为紧张而回答得面目全非。尤其是面对自己向往的高职位、高待遇的目标企业，参加竞争的人越多，录用的条件越严格，紧张的程度也就越高。

其实，面试时的各种担心是没有必要的，要相信自己，是金子总会发光的。对于企业而言，更加看重的是一个人的潜力，因为能力可以培养，性格却是无法培养的，因此企业对于那些综合素质高、自信心强的员工，都比较青睐，即便能力和学历稍低，也都会给予一定的机会。

越是常见问题，越不容易回答

▶ | 同一个面试问题并非只有一个答案，而同一个答案也并非在任何面试场合都有效。关键是要根据实际情况，有意识地揣摩面试官的心理活动，然后有的放矢。

"夏雨晴，你的名字很漂亮啊！"

面试官夸奖应聘者的名字，有两个原因：一是发自内心地赞美，二是希望能够在面试开始之前制造一种轻松和谐的气氛。尤其是应聘者名字较为特别时，很容易出现这种情况。

"是吗，谢谢！这个名字比较符合我的性格。雨是比较温柔的，晴是比较热烈的，因此，我觉得我的个性既有顺从的一面，也有比较热烈积极的一面。"

这种回答是非常普遍的一种错误典型，虽然听起来很美，却完全不真实。没有人能在刚出生时就知道自己的性格，妈妈也一样不知道自己刚出生的宝宝的性格是温柔还是热烈。这种回答表现出应聘者太急于表现自己的优点，却违反了真诚沟通的原则，会让面试官产生反感。

"谢谢！我妈跟我说，她年轻的时候比较喜欢文学，总是想追求一种阳春白雪的感觉，有点'小资'，于是就给我起了雨晴这个名字。其实，我可是有一点'名不副实'，雨晴虽然听起来很温柔婉约，我倒是比较偏向男孩子的性格。"

这个回答既轻松幽默地讲了自己名字的来历，又暗示了自己积极的性格，为沟通开了个好头，也容易给面试官留下积极有活力的好印象。

面试不做准备，成功的概率就会大打折扣，自然也就难以回答应聘过程中面试人员提出的问题。对面试中可能出现的问题有所预判，答案却准备错了，也会适得其反。下面，我们就面试中常见的问题以及回答方式，进行简单的分析。

1."请你自我介绍一下！"

这个问题在面试开始时，往往都会出现，目的是了解应聘者的心理承受能力、逻辑思维能力、演讲能力，而生平介绍却是次要的，因为应聘者的简历中已经有了描述。因此，回答这个问题时要做到以下几点：

（1）内容要与简历相一致。

（2）表述方式尽量口语化。

（3）突出重点，不谈无关的内容。

（4）条理清晰，层次分明。

（5）注意语气和肢体语言的使用。

2."你有什么业余爱好？"

这个问题的目的是了解应聘者的性格、观念、心态、思维深度等，为了深入了解应聘者的爱好程度，可能还会出现更加深刻的问题。例如应聘者喜欢打篮球，可能会出现相关问题："从什么时候开始喜欢打篮球的？你最喜欢哪个运动员？"如果真正有这方面的业余爱好，就应该能对答如流。回答此类问题要做到以下几点：

（1）事先做好这方面的准备。

（2）不要说自己没有业余爱好。

（3）不要说庸俗的、令人反感的爱好。

（4）不要说自己根本就没有的业余爱好。

3."你为什么选择我们公司？"

这个问题的目的是了解应聘者的求职动机、愿望及工作态度等，面试官通常欣赏那种对公司很了解的应聘者。因此，回答这类问题时，应聘者要做到以下几点：

（1）从行业、企业和岗位这三个角度来回答。

（2）前期准备工作要做好，对应聘公司做一个详细了解，尤其是企业文化和价值观。

（3）参考回答："我非常看好贵公司所在行业的前景，而且我认为贵公司十分重视人才，这个岗位也很适合我，相信自己一定能在这个岗位做出成绩。"

4."对这个工作岗位，你有什么看法？"

这个问题的目的是了解应聘者的预测能力，大多数应聘者或许能看到问题，但回答出应对方法的人，却少之又少。回答这类问题，应聘者应该做到以下几点：

（1）从技术、知识、经验等方面，预见前景与困难。

（2）表明自己面对困难时所持有的态度。

（3）如果有岗位工作经验，可以对应对方法做出简单陈述。

5."公司为什么要录用你？"

这个问题的目的是了解应聘者是否能够站在招聘单位的角度来回答，是否了解用人单位的用人需求。回答这个问题，应聘者要做到以下几点：

（1）表现出对这份工作感兴趣，有足够的信心。

（2）表明自己的观点，例如："我符合贵公司的招聘条件，凭我目前掌握的知识、技能、高度的责任感、良好的适应能力及学习能力，完全能胜任这份工作。"

（3）真实坦诚，切勿说大话、谎话。

6."您从前一家公司离职的原因是什么？"

这个问题的目的是了解应聘者的心态，用不良心态贬低自己离职的公司是面试的大忌，没有任何一家公司喜欢这样的员工。因此，回答这个问题，应聘者要做到以下几点：

（1）避免将离职原因说得太详细、具体。

（2）不要表述主观的负面感受，例如"太辛苦""管理太混乱""公司不重视人才"等。

（3）也不能避而不谈，可以用"想换换环境""个人原因"等回答。

（4）不要在回答时显示出个人的负面特征，如不诚实、懒惰、缺乏责任感等。

（5）有一颗感恩的心，这比什么都重要。

求职口才——勇于推销自己才能抓住机会

> 推销自己的时候，难免会经历失败和挫折，实际上这也是社会对你的考验。面试就像销售一样，聪明的人总能像推销员那样找到满足客户的卖点。

理查德·范曼到微软应聘。

面试官："现在我们要问一个问题，看看你的创造性思维能力，不用想太多，运用日常生活中的常识，描述一下你的想法。这个问题是：下水道的井盖为什么是圆的？"

范曼："它们并不都是圆的，有些是方的，的确有圆井盖，但我也看过方形的、长方形的。"

面试官："我的意思是，为什么会存在圆的井盖？把井盖设计成圆形，有什么特殊的意义吗？"

范曼："是有特殊意义，当需要覆盖的洞是圆形时，通常盖子也是圆的。用一个圆形的盖子盖一个圆形的洞，这是最简单的办法。"

面试官："你能想到一个圆形的井盖比方形的井盖有哪些优点吗？"

范曼："在回答这个问题之前，我们先看看盖子下面是什么。盖子下面的洞是圆的，因为圆柱形最能承受周围土地的压力。而且，下水道出孔要留出足够一个人通过的空间，而一个顺着梯子爬下去的人的横截面基本是圆的，所以圆形自然而然地成为下水道出入口的形状。圆形的井盖只是为了覆盖圆形的洞口。"

面试官面有难色地说："我要与管理层谈点事情。"然后离开了房间。

10分钟后，面试官回来，对范曼说："我们推荐你立刻去销售部工作。"

戴尔·卡耐基说："不要怕推销自己，只要你认为自己有才华，你就要认为自己有资格担任这个或那个职务。"推销自己的目的，就是让面试官接受你的回答，肯定你的想法，只要得到他人的认同，一方面自己面试成功的机会就大了，另一方面进入工作岗位后也会更加得心应手。

既然抓住面试的机会，成功推销自己是面试成功的关键，那么我们要为此在哪些方面做出准备呢？

1. 穿着。穿着要与应聘的工作相适应，至少要整洁得体。

2. 准时。最好早到几分钟，不守时的人最容易被反感。

3. 简历。逻辑清晰，重点突出，字数一定不要太多，不要有错别字。

4. 姿态。走路时挺胸抬头，面试时坐姿端正，不要弯腰驼背，或者靠在椅子上。

5. 握手。握手时要稳重有力，离开时脚步不宜过重。男性与女性握手，要轻握手指部分，点到即止。

6. 笑容。无论遇到什么情况，都要保持笑容，因为笑容是征服对方的最佳武器。

7. 结束。面试结束时，不要忘记表示感谢，并重申自己对这份工作和公司的兴趣，如果没有收到录取通知，不妨主动打电话询问。

面试时，个别应聘者会因为某些不良习惯破坏了自己的形象，导致面试效果大打折扣，甚至导致面试失败。因此，面试过程中对身体的微动作也要多注意。

手。手是最容易出问题的部位，如果面试过程中双手总是没有地方放，忙个不停，一会儿玩弄领带，一会儿抚弄头发，甚至玩弄面试官递过来的名片等，这些小动作会毁了你的形象。

脚。脚部不停晃动、前伸、翘起等，不仅人为地制造紧张气氛，而且显得心不在焉，相当不礼貌。

眼。躲躲闪闪，不敢直视面试官的眼睛，目光游移不定，会给面试官留下缺乏自信或隐藏不可告人的秘密的不良印象。

脸。学会微笑很重要。爱笑的人运气都不会差，且微笑能给人积极、乐观的印象。

总之，面试之前，一定要改掉这些坏习惯，面试过程中也要将注意力集中起来，让自己保持斯文有礼、不卑不亢、大方得体、生动活泼的言谈举止。这不仅可以提升自身的形象，往往也能够增加面试成功的概率。

第八章

难缠的客户

——问题越刁钻，越要讲究技巧

回答客户的提问与其他类型的问答有所不同，因为回答的好坏不仅影响沟通质量，还直接关系到能否产生订单、达成合作等诸多方面。很多时候，客户在提出问题的同时，自己也会在大脑中思考这个问题的答案，甚至他们心中本身就已经有了一个答案。实际上，我们要做的不只是答疑解惑，还要挖掘出客户心中的答案。

回答客户提问，主导客户思维才是王道

▶ 回答问题要以挖掘客户需求为目的，不能为了回答而回答，同时回答完问题并不是结束，还要学会给顾客提出建议。能够引导消费者完成消费行为的回答，才是完整的回答。

周五下班后，几位同事在电梯内讨论周末去哪里游玩。

一位同事说："周末我们去爬山吧？"

另一位同事摇着头说："爬山太累了，要不，我们去森林公园吧。"

第三位同事建议说："我觉得，竹筏漂流比较好玩。"

第四位同事想了想，说："各位，你们的想法都非常好，但是我觉得周末去哪里玩，至少应该考虑3个方面的因素。"

工作中，为什么有些从业人员总被客户一连串的问题刁难住，被客户牵着鼻子走，而有些从业人员却能避重就轻，在不知不觉中就掌握了沟通的主动权，挖出了客户的真正需求，达成最终的销售目的呢？用一个关键词来解释就是"主导"。

什么是主导呢？回到上面的案例，试问，第四位同事说完后，前面三位同事会想些什么呢？是不是会考虑有哪 3 个方面的因素呢？这就是主导。第四位同事的发言，主导了所有人的思维，让其他三位同事的思维从去哪里玩，转移到了另外的层面。

面对客户的提问，我们不能停留在客户的问题表面上，而是要掌握谈话的主导权，推动交流往下进行，通过仔细观察和倾听，挖掘出客户内心的答案和需求点。以销售人员为例，销售过程中，销售人员不仅要为客户答疑解难，还要发现客户真正的兴趣点在哪里，然后根据客户的兴趣点给予合理的建议，促成交易的完成。

例如汽车销售场景一：

客户："这辆车有几个气囊啊？"

销售人员："我们这辆车有 6 个气囊，能全面保护您的驾乘安全，另外我们这辆车还有 ABS、EBD、VSA……"

客户："知道了，你卖车，肯定说这车好，我自己看看吧。"

例如汽车销售场景二：

客户："这辆车有几个气囊啊？"

销售人员："您的这个问题非常好，看来您非常关心车辆的安全性能吧？"

客户："当然，安全至关重要啊。"

销售人员："衡量一辆车的安全性，要从两个方面来考虑。"

客户："哦？哪两个方面？"

销售人员："看一辆车的安全性能，一是碰撞前的主动安全，二是碰撞发生后的被动安全。"

客户："什么是主动安全？什么是被动安全？"

销售人员："主动安全简单说就是碰撞前开始工作的安全系统，例如 ABS、EBD、VSA……被动安全就是碰撞后尽可能减轻人员伤害的，例如我们标配的 6 个气囊、预紧式安全带……"

从上面的例子我们可以看出，第一位销售人员在回答顾客提问时，是被客户牵着鼻子走的，而第二位销售人员则展现了非常强的话语主导权，引导着客户的思维。这也说明，如果只是被动回答客户的问题，即便拥有再专业的知识，产品再优秀，在客户眼里也不过是自夸而已，从而很难完成销售任务。

要想回答好客户的提问，主导客户的思维，最佳的方法就是利用人的好奇心，用一句归纳式的带数字的话来回答，就能够很好地引起对方的好奇心。例如：

"买房一定要从 5 个方面考虑！"

"职场成功需要掌握 5 大秘诀！"

利用回答主导客户思维模式，简单说就是在对某个问题回答之前，先说这个问题应该从几个方面来考虑，通常接下来的交流，就能够引导客户的思路和思考方向了。与客户交流无非就是听和说，因此不仅要回答，倾听和提问也同样重要，最终的目的是与客户达成共识，这些都需要我们从回答问题的习惯上开始养成。

顾客说"太贵"时，你的回应正确吗？

▶ 顾客提出的问题通常围绕三个方面展开。我们在接话时不要被问题表面所迷惑，只要从三个方面予以回应，就可以基本打消顾客的疑虑。

小李某天早上走进办公室，其他同事跟他打过招呼后，都用异样的眼光看着他，然后开始窃窃私语。

小李摸摸自己的脸，低着头走向自己的工位，默默地打开了电脑。

这时，平时跟他关系要好的同事小张忍不住凑过来问："跟嫂子吵架了？什么问题这么严重，两边脸都印上了'五指山'？"

"别提了！"

小李有些愤愤不平地说："来的时候坐公交车，我看前面一个女孩后背的拉链没拉，我就帮她拉上了，结果她转身给了我一巴掌！我还以为她喜欢不拉拉链，然后我又帮她把拉链拉下来了，结果她又给了我一巴掌！"

由于小李的声音不高不低，他刚说完，那些八卦心很强并且早就竖着耳朵倾听的同事们，再也憋不住自己的笑声了。

小李为什么会挨了两巴掌？错就错在他多余的礼貌上，小李是好心，但女孩却认为他在耍流氓，而且关于这个问题，还没有办法解释，或者说怎样解释都很难解释清楚。很多时候，我们在销售过程中用错了回答方式，就会像小李一样给自己招来麻烦。

大多数销售人员在顾客一进门时，便会说一句："您好，欢迎光临！"紧接着就会问出诸如"您想买点什么""有什么可以帮您的吗""您考虑什么价位的"等问题。

看似礼貌的话，实际上都是无效应答，顾客一句"我随便看看"就把你打发了。除非顾客有刚性需求，否则这样根本无法吸引顾客进行消费。正确的应答方式应该是"您好，欢迎光临××专柜"。把你的品牌说出来，这样即便顾客去其他店面，脑海中也会浮现"××专柜"的字眼。

销售过程中，客户可能会提出各种千奇百怪的刁钻问题，最常见、最普遍的莫过于"太贵了""价格有点高"。通常，顾客看到产品后都会问一句："这个多少钱？"销售人员报出价格后，顾客会接上一句"太贵了"。

面对这个常见的问题，多数销售人员的回应方式都是错误的，例如：

"这是老板定的价格，我也没办法！"

然而，这么回答，即便出卖了老板，也不能解决问题。

"这已经是我们打过折的价格了！"

以上这个回答的言外之意就是"打过折的你还嫌贵"，这会让顾客选择立即放弃。

"先生，我给您便宜点吧！"

顾客嫌贵，并没有说让你便宜，如果你主动便宜，顾客就会咬住不放，一而再，再而三地压价。

因此，当顾客抱怨产品价格太高时，销售人员要做的是告诉顾客为什么这么贵，而不是主动给顾客便宜，要让顾客感觉到物超所值。面对顾客刁钻的问题，回答时不妨参考以下几个技巧：

1. 比较法。使用该法有两种方式：

（1）与同类产品进行比较。例如："××牌子现在卖××元，我们的产品比××牌子便宜多啦，质量还比××牌子好。"

（2）与同价格的其他产品进行比较。例如："××元钱您现在可以买A、B、C等几样东西，而这种产品是您目前最需要的，一点儿都不贵。"

2. 拆散法。例如，将产品的几个组成部件拆开来解说，每一部分都不贵，合起来给人的感觉就会相对便宜了。

3. 平均法。将产品价格分摊到每月、每周、每天，尤其对一些高档服装销售最有效。如："这个产品你可以用多少年呢？按××年计算，您实际每天的投资是 ×× 元，因此我们这个产品绝对是物超所值。"

总之，消费者在做购买决策时，通常会考虑三个方面：一是产品的品质，二是产品的价格，三是产品的售后服务。无论顾客提出多么刁钻的问题，基本都是围绕着这三个方面展开的，因此我们在回答时，不要被问题表面所迷惑，而是要围绕着顾客所担心的三个方面进行解答，从而打消顾客心中的顾虑与疑问。

面对客户投诉，客服需掌握的应答技巧

▶ 身为客服，要学会用平常心去对待客人和理解客人，在不影响其他客人的情况下，引导客户将不良情绪发泄出来。等客户的心情平静下来，才更有利于弄清问题和解决问题。

某日傍晚，一个旅游团回到下榻的饭店，没过几分钟，一位女领队就光着脚来到大堂，怒气冲冲地向前台投诉客房服务员。

原来，旅游团早晨出发时，这位女领队要求楼层客房服务员为房间加一卷卫生纸，这位服务员只将客人的要求写在了交班记录本上，并没有特别强调指出。

接班的服务员看到客房卫生间内还有半卷卫生纸，就没有再加，结果导致了这位领队的勃然大怒。她光着脚站在大堂中央大声说："你们的服务简直糟透了。"

值班经理和客房部经理很快赶到。看到这种情景，他们一边让服务员拿来了一双舒适的拖鞋，一边安慰她说："是我们的服务不够好，请您消消气，我们到会客室里面坐下来谈，好吗？"

女领队的态度渐渐缓和下来，值班经理耐心地询问了整个事件的经过，最后值班经理代表饭店向旅游团的每个房间都派送了一卷卫生纸，并向这位领队赠送了致歉果盘，事情就这样得以圆满解决。

身为客服工作人员，除了要为顾客解答相关专业问题之外，有时还要面对客户的投诉。客户投诉时，通常都表现得情绪激动，言语咄咄逼人，就像上面案例中的女领队那样。那么，身为客服人员，面对客户的投诉，要掌握哪些应答技巧呢？

还是说上面的案例，事情发生后，据该团导游介绍，原来这位领队对旅行社当天的行程安排不满，心情不好。如果正常情绪下，卫生纸这件小事打个电话给客服中心就可以解决了，但这时女领队心里正憋着火气，这件小事无疑就成了宣泄不良情绪的导火线。

处理客户投诉时，要有正确的认识才能做出正确的处理。让我们再来分析一下酒店值班经理的处理方式。首先，值班经理让服务员为客人拿来拖鞋，并真诚地道歉，这一举动极大地缓和了顾客的情绪；其次，他耐心倾听客户陈述事情原委，并没有将客人投诉当作鸡蛋里挑骨头，而是最大限度满足了客人的要求。

除了极个别故意挑事的客户外，多数客户都是讲道理的。身为客服，要学会用平常心去对待客人和理解客人，在不影响其他客人的情况下，引导客户将不良情绪发泄出来。等客户的心情平静下来，才更有利于弄清问题和解决问题。通常，面对客户投诉，客服应答时应该把握以下 5 个原则：

1. 认真聆听。倾听是处理投诉的首要技巧，认真倾听可以缓解客户情绪，有助于抓住顾客投诉的要点。

2. 认同感受。绝大多数客户投诉都是有原因的，身为客服，要明白客户情绪激动并不是冲你发火，而是真的有问题存在。如果客服能够站在客户的立场上，表示感同身受，这会拉近双方的距离，有助于问题的解决。

3. 立即响应。对客户的投诉做出及时的处理，响应速度体现的就是一种态度，要让客户感觉到，客户才能安心。

4. 持续反馈。无论客户投诉的事件有没有处理好，都要及时将信息反馈给客户。

5. 超越期望。客服在处理客户投诉方面，"善终"比"善始"更为重要。这里的超越期望是指客服的服务态度超越客户原本的期望，这会给问题的处理留下很大的余地。

一位客户致电某服务中心，因接听繁忙，接听一直处在电脑服务中，等了很久才有人工客服接听电话。

客服："您好！我是77号客服，竭诚为您服务，请问，我有什么可以帮助您的吗？"

客户："你能不能让我少等一会儿？"

客服："哦，今天电话特别多，一下忙不过来，您有什么事？"

客户："你们为什么不多配点人？"

客服："那是我们领导的事，我也想人多点呀！"

顾客答："那你们领导真蠢，总是让我们花大把时间等，难道顾客的时间就不值钱吗？"

从上面的对话中我们可以看出，客户对于客服的回答是不满意的，虽然客服人员一直在克制自己的情绪回答客户的提问，但是客户却并不买账。

这位客服人员在回答客户问题时，违背与客户沟通的原则，没有耐心倾听客户的抱怨。身为客服人员，在对客户保持礼貌的基础上，要学会挖掘客户需要解决的问题，尤其是在客户有情绪或个性比较特别的情况下，更要如此。

避开思维误区，避免在常见问题上出错

▶ 客户都不希望有被欺骗的感觉，如果你是消费者，肯定也希望听到的都是真实有效的信息。记住，随时都要把自己定位在客户的角度去思考问题，这样才能真正地了解客户需求，从而给出客户想要的答案。

乔·吉拉德被誉为美国的推销大王。有一次，一位中年妇女走进他的展销厅，表示想在这儿看看车，打发一会儿时间。

乔·吉拉德在与她闲谈时，得知她想买一辆白色的福特车，因为她表姐有一辆。但是，对面福特车行的销售人员让她过 1 个小时后再去，所以她才来这儿看看。

她说："今天是我 55 岁生日，这是送给我自己的生日礼物。"

乔·吉拉德说："生日快乐！夫人。"一边说着，一边请她进来随便看看，然后出去交代了一下，回来后对她说："夫人，您喜欢白色车，既然您现在有时间，我给您介绍一下我们的一款白色的双门式轿车。"

两人边看边聊，不一会，乔·吉拉德的女秘书走了进来，递给他一大束玫瑰花。乔·吉拉德将花送给那位妇女："祝您长寿！尊敬的夫人。"

"已经很久没人给我送礼物了。"中年妇女很受感动，眼眶都湿了，她说，"刚才那位福特营销人员一定是看我开了辆旧车，以为我买不起新车，我刚要看车他却说要去收一笔款，于是我就到这儿来等他。其实我只是想要一辆白色车而已，只不过表姐的车是福特，所以我也想买福特。现在想想，不买福特也一样。"

最后她在乔·吉拉德那里买了一辆雪佛兰，并开了一张全额支票。

上述案例中，乔·吉拉德在整个营销过程，从头到尾都没有劝这位客户放弃福特而买雪佛兰的言语。他所做的，只是让客户在他这里感受到了重视，从而放弃了原来的打算，转而选择了他的产品。

销售过程中，耐心回答客户的问题是最基础的职业要求。但凡事过犹不及，相信很多人都有被销售人员叨扰得不胜其烦的经历，作为销售人员，如果你的表述被潜在客户视为骚扰，卖不掉产品也就很正常了。那么，该怎样回答客户的问题呢？其实，许多看似常见的问题，许多经验丰富的销售人员都未必能够回答得很得体，诸如以下5个问题。

1. "你能便宜点吗？"

通常顾客在询问出某款产品的价格时，都喜欢问："能便宜点吗？"

顾客没有喜欢上这个产品之前，谈价格一定会吃亏！面对这个问题，不能回答"能"或者"不能"，因为钱是掌握在客户手里的，只要一进入价格谈判，我们就会变得被动。我们手里只有产品，此时要做的，就是让客户了解产品，回答这个问题，一定要绕开价格。我们可以采取以下两种方法：

（1）周期分解法。例如：

"小姐，这套护肤品720元，可以用1年，1天才花2元钱，很实惠了！"

（2）用"多"取代"少"。

当顾客要求价格便宜的时候，很多销售人员会说："你少买一两种护肤品就有了！"这种说法会让客户觉得亏了什么，不如换种说法，例如：

"就当您多买了两种护肤品！"

2. "我认识你们老板，便宜点行吗？"

实际上，说这种话的客户大都不认识老板，最多和老板有一面之缘。但是，我们不能当面揭穿，反而要给足对方面子，因此我们可以这样应对：

"能接待老板的朋友，我很荣幸，只是，目前生意状况一般，您来我们店里买东西这件事，我一定会转告我们老板，让我们老板对您表示感谢！"

3. "老客户也没有优惠吗？"

要知道，80％的效益是由20％的老客户创造的，当老客户提出优惠时，不要直接拒绝，在回答时一定要让老客户感觉到你的诚意，例如：

"感谢您一直以来对我这么照顾，能结识您这样的朋友我感到很高兴，只是我确实没这么大的权力，要不您下次来有赠品的话，我申请一下，一定给您多留一份！"

4. "你们家的品牌，我怎么没听过啊？"

面对这个问题，怎样回答都不合适，如果回答不好，会被客户一直追问下去。因此，我们回答这个问题，应该以引导客户思维为主。例如：

"您是什么时候注意到我们品牌的？"

"今天刚注意到。"

"那太好了，正好了解一下。"

这样就直接将问题带过去，不用纠缠问题本身了。

5. "你们的质量会不会有问题？"

面对这个问题，很多销售会直接给出答案："我们是大品牌，质量肯定不会有问题的。"当顾客追问"万一有问题了怎么办"时，很多销售人员都接不下去。面对这个问题，我们可以这样应答：

"先生（女士），您以前是不是买到过质量很差的产品啊？"

"是。"

"请问是什么产品呢？"

这样，就可以引领着客户的思维走了。如果客户说"没有"，你可以这样回答：

"先生（女士），您真是太幸运了，没有买到这样的商品，但是我曾经遇到过这样的情况……"

当双方沟通后距离逐渐拉近时，再回到问题本身：

"我现在很注重产品质量问题，因为我不卖东西的时候也是消费者，所以我对产品质量要求也很高，我才会在这个厂家做销售，就是因为这里的产品质量好。"

如果能这样回答，那么你的销售就已经成功了。

态度不卑不亢，回应客户的不合理要求

▶ 一名合格的营销人员，要学会用合理的方式拒绝客户不合理的要求。如果考虑答应客户的不合理要求，就要求决策者具备系统的分析能力和战略眼光了。

以色列的耶路撒冷有一家名叫"芬克斯"的小酒吧。酒吧面积不足 30 平方米，仅有 1 个柜台和 5 张桌子，酒吧的主人是一位名叫罗斯恰尔斯的犹太人。

一天，美国国务卿基辛格到这里进行访问，发现了这家路边的小酒吧。晚上他突然想到这家酒吧去放松和消遣一下。

于是他亲自打电话到酒吧，对酒吧老板罗斯恰尔斯说，他本人和他的十几个随从和保镖要到酒吧去，为了安全起见，希望酒吧能够到时拒绝其他顾客在那消费。

这样一位声名显赫的国家级重要人物竟然要光临一个普通而平凡的小店，对于一般的老板而言，是求之不得的事情。

然而，罗斯恰尔斯却客气地回答说："您能光临小店，我感到莫大的荣幸。但是要我因此而拒绝其他客人，我做不到。因为他们都是我认识多年的老熟客，是一直支持本店的人，如果因为您的来临而把他们拒之门外，我就失去了信誉。"

正是由于"芬克斯"为了维护老顾客的利益和自己的商业信誉而拒绝了美国国务卿基辛格，这家名不见经传的小酒吧被美国的《新闻周刊》评选为世界最佳酒吧的前15名。

面对一些客户的不合理要求，或有某种利益作为推手时，你是否能像罗斯恰尔斯那样敢于回绝，坚持奉行顾客利益至上、商业信誉至上的经营理念呢？信誉是企业的灵魂，赢得客户的首要条件就是诚实守信，这是亘古不变的铁律。

那么面对客户的不合理要求，我们要做出怎样的回应呢？

1. 注意方法，态度坚决。如果客户的要求不符合政策规定或工作规范要求，那么，无论客户的要求有多强烈，都要坚决地予以拒绝。但是，回绝也要注意方法，例如可以这样回答：

"实在抱歉，对这件事我也无能为力。"

"对不起，这件事我无法答应你。"

如果对方是一位重要客户，我们可以先不正面回答，让对方先回去，用电话、邮件等方式将你的想法告诉对方，以免引起正面的冲突和尴尬。需要谨记的是，无论这个客户有多么重要，都不要拿原则做交易。

2. 接受指责，耐心解释。客户在要求遭到拒绝后，心情一定不会好，甚至会当面加以指责，对此，你可以先表示理解，接受对方指责，然后做出自己的解释：

"这是公司的规定，我也无能为力，如果我能够办到的，一定会尽力而为。"

3. 问清目的，分析处理。当客户提出要求时，不要盲目应承下来，事先一定要问清楚什么事、什么目的、自己能不能办。如果是正当要求，又在自己力所能及的范围内，就应该尽力为客户提供服务。反之，就要毫不犹豫地予以拒绝，不要给对方留下任何念头和希望，尤其不能含糊其词。

当客户提出问题或要求时，我们一定要给自己留出思考的时间，可以用资料不全或不清楚对方的意图为借口，以此来拖延回答的时间，尤其在没有完全了解对方意图的情况下，最好不要给出直接答案。如果对问题心存疑虑，可以让对方再阐明提出的问题，给自己争取思考的时间。另外，利用反问也是不错的应对方法，做到以守为攻。

有备无患——客户常见问题的接话模板

▶ 回答客户的问题，要以挖掘客户需求、推介产品卖点为原则。如果违背了这一原则，再精妙绝伦的回答也是无效的。

有一位青年，以自己白手起家的父亲为荣，他也想做一番事业。

于是，他历尽艰险，在热带雨林中找到了一种高达 10 多米的树，这种树在整个雨林也只有一两棵。

如果砍下一年后让外皮朽烂，留下树心沉黑的部分，就会有一种奇妙的香气散发出来，如果放在水中，不会像别的树木一样漂浮，反而会沉入水底。

这位青年将这种奇香无比的木材运到市场去卖，结果无人问津，这让他十分烦恼。

可是他发现有很多人卖木炭，并且买的人很多。于是，他就把香木烧成木炭，挑到市场上去卖，很快就卖光了。

青年为自己的改变而自豪，回家将这件事告诉了他的父亲。不料，父亲听完后，长叹了一口气说："这种树木，只要切一块磨成粉屑，价值也要超过你卖一年的木炭啊！"

原来，青年烧成木炭的香木是极珍贵的树木——沉香。

销售人员要想在销售中获取更大价值，就要挖出商品的最大卖点。通常，一件商品往往具有多种用途，也就具备了多个卖点，如果看不到商品的最大价值，就会像上面小故事中的青年那样，因小失大，犹如端着金饭碗，却用来乞讨一样！

对于销售人员而言，回答客户的提问不仅是对产品功能及客户疑问的解答，更重要的就是挖掘客户的需求点，并根据客户需求，将产品卖点推介给客户，达成销售目的。许多销售人员面对客户刁钻的问题时，常常能够随机应变，给出令人满意的答案，却总是在常见问题上"摔跤"。下面我们就来看看在销售过程中的常见问题应该怎样回答。

问题1："价格怎么这么高？"

答："您认为我们的产品价格高在哪里呢？在现有市场上，同档次的产品基本上没有比我们更便宜的，如果您说的是那些小厂的品牌，那些确实是比我们的价格还低，但质量上和我们的产品绝不是一个档次的。"

问题2："你们产品的价格是多少？"

答："您之前对我们的产品有了解吗？我先给您介绍一下我们这款产品……"

问题3："你们的产品价格为什么这么低？"

答："您问的正是我们产品的关键。第一，我们具有规模优势，降低了整体成本；第二，我们的经营思路是坚持走性价比的道路。"

问题4："你们的产品质量有保证吗？"

答："当然有保证。首先，我们公司的核心竞争力就是技术开发能力；其次，我们的技术服务队伍实力雄厚，随时可以为您解决质量上的后顾之忧。"

问题5："产品出了质量问题怎么办？"

答："谁都不希望产品质量出问题，我们公司会严把质量关。如果真出现了质量问题，我们就按合同协议处理，绝不让您有任何后顾之忧，我们的服务队伍也会竭诚为您服务。"

问题6："没返利？那怎么做？"

答："那您说的返利是多少，它的价格又是多高？我们也可以定返利啊，那价格绝对就不会这么便宜，可以说我们是把利润先让了出来，这样使得您的资金利用率可以更高！"

问题7："听说你们服务不好？"

答："您听谁说的呢？我都从来没听说过，既然您对我们的服务有所了解，那请您告诉我们问题出在哪儿，这对我们服务工作的改进大有帮助，期待您的指正与批评。"

问题 8："听说你们质量不好？"

答："您听谁说的呢？我都从来没听说过，既然您对我们的质量有所闻，那能否请您指出我们产品质量差在哪里，这对我们提高产品质量来说，也是宝贵的经验积累。"

问题 9："你们的价格能不能再低一些呢？"

答："现在的价格绝对是我们的最低价了，如果还有比我们产品还低的价格，只有两种可能性：第一，跟我们的产品不是一个档次的；第二，质量上是没什么保证的。价格方面，我们能做到性价比更合理，也会让您的利润空间更大，在销售策略方面也会有更多的选择。"

问题 10："你们的包装不好看啊，好不好卖啊？"

答："十个人有十种审美观，只有产品质量好，才是硬道理，您说呢？"

总之，回答客户的问题，我们要以挖掘客户需求、推介产品卖点为原则。如果违背了这一原则，再精妙绝伦的回答也是无效的。在不同场合面对不同客户、销售不同产品、洽谈各种合作时，我们可选择的回答方式也不是一成不变的，只要坚持这一原则，掌握回答的规律，就能做出更加有效的回答。

另外，不懂的问题不要装懂，诚实比浮夸给客户的感觉要好得多。遇到不懂的问题，我们可以直接说自己在这方面不是很了解，可以回公司咨询其他专业人员后再给予答复。经验告诉我们，对客户的问题敷衍地回答，客户大都能感觉到，而且会直接导致客户对我们的信任度降低。

第九章

纷扰的生活

——面对琐事的问题轰炸，你准备好了吗

日常生活中面对纷扰的问题，我们首先要保持一个良好的态度来应对，不仅要重视"答"的作用，还要注重"答"的艺术，针对不同场合、不同对象，选用最合理、得体、自信的言语来回应对方的提问。如果你回答别人的提问时，表现出爱搭不理的态度，恐怕没人愿意再与你沟通下去。

遭遇逼婚，怎样回答才能解决问题

▶ 中国父母常常将子女当作自我的延续，他们不仅将自己的期望与未完成的愿望投射到子女身上，还会把自己的不安和恐惧加诸于子女。因此，身为子女，坚持自己的观点和原则很重要，但是在沟通过程中要对这种客观存在的因素加以包容。

著名的古希腊寓言家伊索，年轻的时候给贵族当过奴隶。

有一次，他的主人设宴请客，客人大都是当时希腊的哲学家，主人命令伊索备办酒肴，且要做最好的菜招待客人。于是，伊索专门收集各种动物的舌头，准备了一席"舌头宴"。

开席时，主人大吃一惊，问："这是怎么回事？"

伊索回答说："您吩咐我为这些尊贵的客人办最好的菜，舌头是引领各种学问的关键，对于这些哲学家来说，'舌头宴'不是最好的菜吗？"

客人都被伊索说得频频点头，哈哈大笑起来。

主人又吩咐伊索说："那我明天要再办一次宴席，菜要最坏的。"

到第二天开席上菜时，依然全是舌头，主人一见此状，便大发雷霆。

伊索却镇定地答道："难道一切坏事不是从口出的吗？舌头既是最

好的，又是最坏的东西！"

最终，主人被驳得哑口无言。

父母的逼婚就像故事中主人的命令一样，无论对错都应该予以正面的回应。至于回应的方式则十分开放，问题本身没有对错，那么答案也就没有对错，关键是要解释得合情合理。只要你能在情理上与父母达成一致的观点，逼婚的问题本身就没那么重要了。

中国父母对于儿女的终身大事是非常关心的。当看着儿女事业有成，却唯独少了另一半时，一场中国式逼婚大戏便即将上演。尤其是春节这个本是全家团圆的幸福时刻，让如今有些年轻人感到害怕，为什么呢？因为怕回家被七大姑八大姨问："找对象了吗？什么时候结婚？"

有些网友诉苦"独在异乡是单身，每逢佳节被催婚"，虽然是句玩笑话，却反映出了当前社会和家庭的现实问题。父母有父母的立场，儿女有儿女的观点，当我们遭遇逼婚时，反抗越强烈越会适得其反，那么我们应该怎样应答呢？

首先，我们要肯定的是，很难与父母在这方面达成共识；其次，我们要对父母表示尊重；再次，我们要知道，他们确信他们这样做是对儿女好。因此，要想让沟通能够进行下去，我们可以考虑从以下几个方面来应答：

1. 将"立场"转变为"需求"。父母的立场是"我希望你尽快结婚"，孩子的立场是"我不想结婚，至少目前还不想结婚"。如果双方都只关注立场，那么就会让沟通陷入僵局，此时不妨反问父母，为什么他们希望我们尽快结婚。

2. 保持有效倾听。出于对父母的尊重，问"为什么"之后，要认真倾听他们的回答，减少对立情绪，帮助父母更好地理解你的需求。另外，用自己的话复述一遍与父母确认，以确保自己真正理解他们所说的。

3. 尝试向父母证明你的需求和他们的需求是相近的。当了解了父母的真实需求后，你可以根据自己的实际情况，向父母表示你也部分同意或全部同意他们的这些需求。例如，希望自己幸福，希望自己过上安稳的生活，他们希望在年老的时候有人可以照顾他们，他们希望当祖父母……

4. 实现需求。也就是将对话聚焦于如何让这些双方共有的需求成为现实，例如父母通常都希望你过上幸福、安稳的生活。你可以向父母解释，你十分满意自己当前相对自由的生活。在"有人在他们年老的时候可以照顾他们"和"希望当祖父母"这两件事上，你可以解释说你不想随随便便结婚，你希望找到一个值得自己真心爱慕和尊重的人。这样的人才会敬重和照顾父母，将来才会是一个负责任的父亲或母亲，仓促草率的婚姻可能会以离婚和不幸收场，这对父母和自己都不是件好事。

以上的办法不保证百分之百沟通成功，因为有些父母很可能不接受任何形式的谈判，尤其是父母与子女交流过程中，往往情绪会遮蔽理智。而我们需要做的是，通过回答敲开与父母沟通的大门，只要这扇门打开了，一切问题都能得到解决。

谑而不虐，生活必不可少的玩笑话

> 开玩笑可以拉近我们与陌生人之间的距离，可以让气氛轻松下来。开玩笑不仅需要随机应变的机智，还需要随时都保持一颗快乐、自信的心。

约翰到一个陌生的城市出差。傍晚，他走进一家小旅馆，准备在那里住下来。

"一个单间带供应早餐要多少钱一晚？"约翰问旅馆老板。

"不同的房间价格不同。二楼房间一晚150美元，三楼房间一晚120美元，四楼房间一晚100美元，五楼房间每晚只要90美元。"

约翰考虑了几分钟，然后提起箱子就走。

"先生，您是不是觉得价格太高了？"老板问。

"不，"约翰回答道，"是您的房子不够'高'。"

开玩笑不仅是一种语言的艺术，更是一种智慧的体现。善用幽默，不仅可以帮我们解决许多难以回答的问题，还能缓解尴尬的气氛，可以说玩笑话是应答过程中必不可少的元素之一。上面的例子中，旅馆老板问："先生，您是不是觉得价格太高了？"这个问题其实不难回答，只需要答"是"或"不是"即可，而约翰回答："是您的房子不够'高'。"这种委婉又诙谐的回答方式，既表达了自己的观点，又避免了不必要的矛盾。

开玩笑可以达到缓和气氛的效果，但不择场合的玩笑话反而会引起听者的恐慌，例如：

病人："护士小姐，我害怕扎针，你能不能小心点？"

护士："您放心吧，我刚毕业，今天第一天上班，我会认真给您扎针的。"

乘客："司机先生，我第一次来这座城市，我想看看这座城市的风貌，您能不能开慢一点？"

出租车司机："那太好了，我昨天刚拿到驾照，今天是第一天上路，是应该开慢点。"

在外人看来，这的确很好笑，作为当事人，恐怕就不这样认为了，听到这些话内心一定充满不安与担忧，因为对方的玩笑已经足以让当事人感到威胁。因此，玩笑话要运用得体才能发挥其应有的作用，尤其是在生活中，千万不要拿别人的隐私开玩笑，这不仅会引起他人的反感，甚至会造成恶劣的后果。例如：

朋友张先生结婚刚 3 个月，孩子就出生了。张先生的亲朋好友纷纷前来祝贺，其中一位朋友带来的礼物是一些小孩子上学时用的文具。

有朋友好奇，询问道："你怎么给小孩子送文具呢？是不是有点太早了？"

这位朋友回答说："不早！本该 9 个月出生，偏偏 3 个月就出生了，我想再过 5 个月，肯定可以去上学了，所以我才为他准备了文具。"

此话说完，在场的人顿时哄堂大笑，但张先生和他的妻子却十分尴尬。

因此，开玩笑一定要坚持得体的原则，且要掌握好分寸，通常要注意以下几点。

1. 内容高雅。玩笑话的内容体现了一个人的思想情趣与文化修养，内容健康、格调高雅的玩笑话不仅能带给对方精神享受，还能给对方留下好印象。

2. 态度友善。开玩笑的过程也是情感相互交流传递的过程，对人友善是衡量玩笑话的一个重要标准，切忌开着玩笑对别人冷嘲热讽。

3. 区别对待。每个人对玩笑的承受能力不同，同样的玩笑，你能对甲开，不一定能对乙开。同时还要注意男女之间、上下级之间，玩笑话虽然可以有，但是必须要把握好分寸。

4. 分清场合。开玩笑要分清场合，并不是任何场合都适合开玩笑，尤其是在庄重严肃的场合，切记不能随意开玩笑。

学习开玩笑，应当从含蓄开始，低级玩笑只引人发笑，高级玩笑还耐人寻味。开玩笑要有创意，要形成自己的风格，联想和想象是必不可少的，尽量做到简约、含蓄。另外，还需要发自真心，这样才能将内心的快乐与自信，通过语言传递出去，让他人感受得到。

情侣之间，换位思考的接话更温馨

▶ 当双方都愿意站在对方的角度来思考问题，了解对方的需求，用足够的包容和耐心去接话时，幸福就会降临。

某天，妻子正在厨房里炒菜，丈夫站在她旁边一直唠叨个不停，"慢些""小心""火大了""快翻过来""待会放酱油""快快"……

"啊——"妻子忍不住大喊出来，"别烦了，我会炒菜！"

丈夫这才平静下来，慢慢地说道："我当然知道你会，我亲爱的太太。我只是想让你知道我在开车时你在我旁边喋喋不休，我是什么样的感觉。"

"哦，对不起，我亲爱的丈夫。但愿今后再也不会有这样的事了。"妻子也平静了下来。

从此以后，夫妻二人都懂得了换位思考，感情生活更加融洽了。

情侣之间的沟通是一门学问，然而许多人显然对此还没有达到入门的级别，沟通出现问题是许多情侣感情危机的主要因素。情侣之间的情投意合，除了眼缘之外，更加重要的就是沟通了，沟通是否顺畅，往往就体现在一问一答之间。例如：

有一天，小李的女朋友发脾气，小李就对她说："我不喜欢你发脾气，但我知道女人总有那么几天会情绪不好，你得提早告诉我。那么我就可以让你发泄一下，但不许多，一天最多20次。"

小李的女朋友听后"扑哧"一笑，顿时，所有坏情绪便一扫而光。

人与人相处时间长了之后，交流就非常容易受情绪影响，好的、坏的都有，更何况是朝夕相处的情侣或夫妻。因此，在回答对方问题的时候，要多站在对方角度思考问题，往往对方想要得到的答案完全不是问题表面呈现出来的那么简单。这时，就要注意以下几点。

1. 学会倾听。我们经常可以看到沉默的伴侣，造成这样的情况通常是因为沉默的一方在语言斗争中失败了，便采取不沟通的策略。

2. 爱没有对错。许多情侣在遇到问题时，喜欢辩个对错输赢，但爱情哪有什么赢家，实际上，在争输赢的过程中双方都输了，忘记了最初沟通的目的。当双方意见不合时，想想双赢的解决方法，这比无休止地争论对错，一味争输赢要好得多。

3. 避免表达负面情绪。当心中充满负面情绪时，要设法让自己平静下来，不要让情绪来主导对话，当心绪平静时，你才能传达出内心真正所想，即便一时沮丧，对方依然能够感觉到你的爱意。

4. 注意语调。即使是同样的回答，倘若用不同的语调就会产生不同的效果。例如你撒娇地说"你这人怎么这么坏"与你生气地怒吼

"你这人怎么这么坏"将是两种不同的意思。说话的声调总是能够反映人的精神和情感状态，因此情侣双方必须要知道，说话的语调和所讲的内容同样重要。

5. 用眼睛回答。相关研究证明，每天对视 15 分钟的家庭成员，比没有眼神交流的家庭成员对于幸福的感受度要高 70%。情侣间对话时要学会让自己的眼睛参与进来，表达你所有积极正面的感觉。

不同场合，接话把握好分寸最重要

▶ 接话的方式在不同场合、不同环境中有所不同，我们平时应该为自己在不同场合多准备几套应酬话术，花一点点时间用心准备是非常必要的。

杨琪是某房地产公司新来的秘书，长得漂亮，性格也活泼，同事们对她第一印象非常好。但渐渐地，她看同事都对自己不错，就随便起来，总喜欢拿人开玩笑。

一天，她到总经理办公室送一份文件，碰巧合作商王权也有份文件需要签字，两人一同进了办公室。总经理了解情况后，对她说："你稍等一会儿。"然后，拿过王权的文件，仔细看过后签了字。

王权接过来一看，连连夸奖："章总，您的签名可真气派！"

这时，站在一旁的杨琪一阵坏笑，接过话头说："这话还真让你说着了，我们章总暗地里都练了三个月了，签名能不气派吗？"此言一出，总经理和王权同时陷入尴尬，总经理连忙以请王权喝他新买的好茶来转移话题。

送走王权之后，总经理绷着脸，怒气冲冲地批评杨琪："你也是领导身边的人，说话怎么能这么随便呢？你要知道，员工在客户面前说的每一句话都直接代表着公司的形象！希望你今后好自为之！"杨琪面露愧色地退出了办公室。

同样的话，在不同的场合中，有不同的接话方式，不能千篇一律。如果是在比较轻松的场合，开开玩笑倒也没什么，但是在办公室里当着客户的面开领导的玩笑就太过分了。有时接话的方式不是由你和对方的关系决定，而是根据场合而定。那么在不同场合中，都要把握哪些接话的原则呢？

1. 话到嘴边留三分。也就是说，回答问题时，要给自己留有余地。俗话说，"打人不打脸，骂人不揭短"，尤其是在公众场合，无论大家是多么熟悉的朋友，回答对方问题时也不宜揭短，将对方陷入尴尬境地。这不仅损害对方在公众中的形象，也会降低自己的形象，而且会造成彼此间的矛盾。

2. 公共场合，言多必失。常言道，"言多必失"。在公共场合回答问题时，要言简意赅，如果总是没完没了地讲，啰唆不说，言语里肯定会不自觉地暴露出许多问题，而且还会引起他人的反感。因此，在人多的场合，回答问题要尽量少说，做到掷地有声才能让别人信服。如果唠叨个没完，很容易暴露自己的弱点。

3. 正式场合，用语要得当。俗话说，"关起门来可以无话不谈"，甚至说一些放肆的话，但在公共场合或者有外人在场时，回答就要讲究分寸了。也就是说，回答也要注意正式场合和非正式场合。正式场合回答时要严肃认真，事先要有所准备，不能乱答一通。回答应遵循内外有别的原则，让人觉得你是一个识大体、有修养的人，如果打破了这一界限，很容易就会成为别人指责的对象。

4. 说话要注意语气，要把握好尺度。回答要与场合中的气氛相协调，别人办喜事的时候，千万不要说悲伤的话；在人家悲恸的时候，不要说逗乐的话。古有"一语千金"之说，也有"妙语退敌兵"之事，能说会道也是一种本领。我们要重视答的作用，还要讲究答的艺术，针对不同场合、不同对象，选用最得体、最恰当的语气来回应，才能收获最佳的效果。

反问的艺术——平中出奇，入木三分

▶ 有些场合，经常有人提出一些十分敏感的问题来刺探你真正的意图，或故意刁难你。遇到这样的问题，用间接的方式来作答，往往能收到很好的效果。

一次，作家刘绍棠到某大学讲演时，对于学生提出的各种问题，他都作了坦率的解答。这时，一位女学生递上一张纸条，上面写道："既然文学要真实地反映社会生活，那你为什么总唱赞歌，不唱悲歌呢？难道社会没有阴暗面吗？"

读完这一尖锐问题，刘绍棠想了一下，便问那位女生："你喜欢照相吗？"见女生直点头，刘绍棠反问道："你脸上有光滑漂亮的时候，也有脏污不净的时候，那你为什么不在脸上脏污的时候去照相呢？"这一问，引得周围的人都情不自禁地笑了。

反问是接话的又一种重要形式，通常用于反驳对方观点，应对不友好的提问。上面案例中，刘绍棠直接揭示了对方论点的偏颇，抓住对方的漏洞进行攻击，并以反问的方式令对方无法辩驳，而这也正是所谓的"打蛇打七寸"。

反问也就是反过来问，变回答为提问。往往在回答问题的过程中，出其不意的反问会让对方自乱阵脚，出其不意，入木三分，收获意想不到的回答效果。常见的反问类型有下面几种。

1. 机智型反问。例如：

萧伯纳在由他的剧本《武器和人》改编的舞台剧演出结束后，走上舞台向观众致意，一个人喊道："萧伯纳，你的剧本糟透了，谁要看？收回去，停演吧！"

萧伯纳彬彬有礼地回答说："朋友，我完全同意你的意见，但遗憾的是，我们两个反对那么多观众有什么用呢？我们能禁止这剧本的演出吗？"

2. 幽默型反问。例如：

妈妈："你要哪个苹果？"

儿子："我要大的。"

妈妈："你应该懂礼貌，要小的。"

儿子："妈妈，懂礼貌就得撒谎吗？"

3. 讽刺型反问。例如：

地主在半夜催长工说："天亮了，还不起来干活？"

长工说："等我捉了虱子再去。"

地主说："天这么黑，能看见虱子吗？"

长工说："天这么黑，能干活吗？"

4. 肯定型反问。例如：

唐太宗李世民问大臣魏征："守天下难不难？"

魏征回答说："非常难。"

李世民说："我任用德才兼备的人为官，又听从你们的批评意见，守天下还难吗？"

魏征说："古代的帝王，打天下的时候，能够注意用人和听从意见，一旦打下天下，只图安乐，不喜欢别人提意见，导致亡国，所以，圣人说'居安思危'，指的就是这个，能说守天下不难吗？"

5. 抒情型反问。例如：

《谁是最可爱的人》片段：朋友，当你听到这段英雄事迹的时候，你的感想如何呢？你不觉得我们的战士是可爱的吗？你不以我们的祖国有着这样的英雄而自豪吗？

6. 悬念型反问。例如：

张三问李四："王五最近好吗？"
李四说："你问他？他出事了，你不知道？"

另外，有些接话方式虽然没有一个问句，但也跟反问一样，属于回击方式的一种。例如，有一次丘吉尔访问美国，一位反对他的美国女议员对他说："如果我是您的妻子，我会在您的咖啡里下毒的。"丘吉尔笑着答道："如果我是您的丈夫，我会喝下那杯咖啡的。"

综上所述，要想把话接得好、接得妙，并不是一件轻而易举的事，这要求接话者本身要具备多种基本素质，如理论水平、文化修养、对事情的反应能力，等等。而这些素质必须经过长期积累，才能在各种复杂的场合运用自如。

第十章

现场直播时的话术

——镜头前的接话，也可以套模式

　　面对现场直播，做好充分的准备是十分必要的。如果是很具体的问题，回答起来就会很被动，而且很不容易说清楚；如果是比较大、很空洞的问题，由于信息容量太大，不容易抓到点上，也很难实现对等的回答。事实上，面对这些难题，是有一些模式可以参考的。

面对镜头，心态比智慧更重要

▶ 对于记者采访的提问，一定要先做出一个基本的判断：这个问题我要回答吗？如果你决定回答这个问题，那么就务必让你的回答尽可能更有说服力。

郎平重掌中国女排帅印后，在一次世界女排大奖赛香港站的赛前新闻发布会上，与阿根廷、土耳其和捷克的主帅及队长一同面对媒体的提问。记者提问的焦点都聚集在曾经将中国女排带上巅峰的郎平身上。

记者提问："这战最大的敌人是谁？"

郎平笑着回答道："我们没有敌人，我们只有对手。"郎平的幽默，引来哄堂大笑，记者会在轻松的环境下进行下去。

记者又问："你心目中最强的组合有哪些人？"

郎平巧妙答道："我们就是最强的一队，全部 22 个球员。"

谈到目标，郎平坦言没想得太长远："光想是不够的，要想办法把自己的技术提高，在配合方面做得更好。我们每一天都有新目标，就是实事求是地练好每一天。"

郎平曾带领中国女排走上巅峰，又在中国女排最低潮的时候重掌帅印，可以说，背负的压力是非常沉重的。面对记者的提问，她不仅用轻松诙谐的语言回答了记者的问题，同时也传达出她轻松面对一切挑战的心态，还最大限度地降低了自己球员比赛的压力，可谓"一箭三雕"。

回答采访的问题，不仅需要智慧，更需要保持良好的心态。尤其是面对大媒体时，回答尖锐问题的目的，并不是要终结沟通，而是要让沟通能够在和谐的气氛中持续下去。因此，保持良好的心态才能积极面对尖锐的问题，轻松化解难题，将自己想要展现给公众的内心想法表达出来。

相对于其他类型的提问，回答记者的提问难度最大。首先，记者提问的针对性较强，而且记者提出的问题，一般都是经过精心准备的；其次，记者提出的问题，往往不是单一存在的，而是一连串的问题，如果不经过缜密思考就回答，很容易落入记者的问题圈套，被记者牵着鼻子走；再次，记者提出的问题，从表面上很难看出是善意的还是恶意的，往往意识到时，已经为时已晚；最后，有的时候，记者提出问题，并不一定是要你回答，而是为了激怒你来获取不可告人的利益。

因此，回答记者提问时，我们要遵循以下 4 个原则。

1. 分析问题内容及目的。回答问题之前，我们要冷静分析，结合环境、事件、人员等因素，从多角度看待这个问题，给自己提出一些问题，例如："他为什么要提出这个问题？他的立场是什么？"然后认真思考，逐一给出答案，这样就能把握问题的实质。另外，对问题进行思考时，一定要注意细节。

2. 做出正确判断，并根据判断回答问题。对问题做出深入分析后，再对问题做出系统、深入的回答和评价。正所谓"言多必失"，对于不懂或者知之甚少的问题，回答尽量模糊简短，不要给出肯定的结论。

3. 面对棘手事件的提问，要阐明观点。尤其是遇到舆论关注度高，或者议论较多的事件，回答记者相关提问时，可以针对事件的未来走向和趋势做出推断和预测，也可以阐明自己的见解，提出意见。此时不回应或者逃避回答，都不是明智的选择。

4. 坚持原则。回答记者的提问最重要的原则就是坚持原则，这里的原则代表的是你的立场、你的观点。只有立场坚定，才能营造出掌控问答环节的气场，也会对提问者产生一定的威慑作用，让提问者不会随意抛出过分的问题。

有位名人曾经在做客某媒体时发飙，说出"媒体很弱智，总喜欢问动机""我拒绝回答愚蠢的问题"等言论，引得舆论一片哗然。也许当时主持人问得不够有技巧，但此人的回答显然也不智慧，不仅有失风度，也有损形象。

时代变化让人们随时都有可能走到聚光灯下，即便是普通人。当我们面对镜头采访时，应答的智慧很重要，而心态更重要。我们要学会调整自己的心态，无惧记者的提问，同时也要善待媒体。懂得善待记者，尊重记者的提问，那么你的善意自然也就会通过媒体传达给受众，从而形成良性互动。

软硬兼施，回答才能更加巧妙

▶ 在镜头面前，如果能巧妙地借用对方的措辞，以彼之道，还施彼身，能收到出人意料的震慑效果，这会让所有观众霎时对你肃然起敬。

在英国议会大厅的某一次演讲中，演讲者是议员乔因森·希克斯。他在台上慷慨陈词，台下的首相丘吉尔却不时摇头。乔因森·希克斯对丘吉尔的态度十分恼火，冲着丘吉尔愤怒地说："我想提醒尊敬的先生们，我只是在发表自己的见解。"

丘吉尔也不慌不忙地回答说："我也想提醒尊敬的演讲者，我只是在摇自己的头。"

丘吉尔的回答非常有硬度，对希克斯的话做出了强有力的回击，但是态度很软，礼貌又幽默，让对方无从回击，这就是软硬兼施的回答效果。回应是为了沟通，面对媒体，回答记者的提问，同样是为了沟通，因此无论面对记者提出什么样的问题，在心理上一定要准备充足，才能做到冷静作答，不骄不躁。

即便是提前约好记者，也要做好充足准备，以防万一。记者的职业很特殊，为了报道更加详细，可能会对某些问题打破砂锅问到底，有些问题你想逃避回答都很难，只有对记者的连环问题做好充足的准备，才能在镜头前应付自如，给媒体和大众留下好印象。接受记者采访时，必须要掌控采访时机，争取占据主动，把握好谈话的方向。

另外，在接受采访时加入一些幽默元素，也会收到意想不到的效果。例如：

一次记者招待会上，某位领导回答一位女记者提问时说："这位小姐应该是四川人吧？提的问题都很辣。"

全场大笑，包括那位女记者。一个"辣"字，就充分说明了她提的问题的难度。这位领导接着说："辣是辣了点，可是我必须得回答，大家都等了我半天了，如果得到的只是我的含糊其词，未免扫兴，那我就太对不起记者朋友们了。现在，我就把这件事情的原委清清楚楚地讲给大家听。"

认真严肃地回答记者的提问没有问题，但如果一点儿表情都没有，就容易给人冷若冰霜、不近人情的感觉，通过媒介传播出去，也对回答者本身形象的塑造极其不利。因此，回答问题时，适当穿插一些轻松而幽默的题外话，不仅能活跃气氛，也会让沟通和传播的效果更好。

心态平和，对问题要积极回应

▶ | 一般来说，高明的提问者都会主动引导回答者将事情表达清楚。而作为回答者，要学会保持尊重，不要轻易打断对方的提问，也不要一直沿着一个问题滔滔不绝。

第 50 届金马奖颁奖过程中，黄渤妙语连珠的回答赢得了阵阵掌声，他临阵不乱的"回击"被网友们齐声称赞："黄渤好机智！"

当时，郑裕玲与黄渤共同登台颁奖。郑裕玲拿黄渤的造型"开涮"，问道："今天晚上你穿的是睡衣吗？"并说自己 5 年没来金马奖，所以这次特别盛装出席。

黄渤回应说："你 5 年没来，这 5 年我一直都在金马奖，所以我已经把金马当成了自己的家，回到家里穿什么，对不对？"

随后，郑裕玲问黄渤："你得过几次金马奖？"

黄渤自嘲地回答说："只获得过半次（第 46 届金马奖黄渤和张家辉都是影帝），张家辉去年也有提名，今年也有提名，他是想努力地把自己失去的那一半拿回来。"

这时主持人蔡康永把"枪口"对准了黄渤，说："这是我家，不是你家。"

此时，镜头转向观众席，刘德华面露担忧之色，他旁边的张曼玉也顿时失去笑容，而黄渤却气定神闲地回应道："其实你不是一个人在战斗，刚才还有一匹马跟你一起（蔡康永在走红地毯时，他的衣服上缝了一匹巨大的马），我只看过人骑马，头一次看到马骑人呢。"

毫无疑问，记者的提问水平与他的个人修养和专业素质是分不开的。不同记者提出的问题，无论是深度还是难度，都有很大的差别。我们经常能见到，许多记者在采访过程中，提出的问题并不高明，也有些记者提出的问题指向性很强，还有些记者提出的问题，摆明了就是"挖坑让你跳"。因此，应对不同记者的提问，我们的回答方式也应该富于变化，这样才能应对得当。

黄渤在面对各种媒体采访时，回答总是很出彩，这与他丰富的人生经历是分不开的，这种经验的积累，给他在面对各种问题时提供了丰富的回答素材。因此，拓宽自己的知识面，丰富自己的人生阅历，积累经验，对于回答记者提问而言，十分必要。同时，在积累经验的过程中，让自己的心态变得平和起来，能够处变不惊，也是重中之重。那么，如果提问故意刁难，我们该怎样应对呢？

回答记者提问的时候，经常会遇到案例中的情况，这种情况通常是记者或提问者有意刁难，此时千万不能冲动，要学会冷静思考问题的要点，寻找解答方式，不能给刁难者继续下套的机会，同时也要给自己留点退路，留下周旋的余地。具体方式可以参考以下几点：

1. 不要着急下结论。

2. 用举例的方式给予回应。

3. 题目较大的时候，从小处入手。

4. 问题比较尴尬时，谈别人。

5. 对问题一无所知时，谈相近的。

临场回答记者提问时，可以结合自己的知识阅历，进行现场发挥，学会不急不躁，面带微笑听取问题，然后严肃地回答，只有经过大量的准备，才能起到四两拨千斤的回答效果。例如：

有一次，记者问黄渤是否已经超越葛优。黄渤回答说："这个时代能让任何人闪耀，但每个人都不可能完全遮住其他人的光芒，而且葛优是开天辟地的存在，我作为晚辈，将电影推动向前但绝不敢造次。"

这番回答不仅滴水不漏，给人的感觉也并非讨好葛优，而是十分睿智地回避了记者挖出的坑，将自己的不卑不亢体现得淋漓尽致。

营造气场，掌握沟通的主动权

▶ 　　通常，提问者往往更容易掌控沟通的主动权，那么，我们要怎样巧妙地扭转局势，将主动权掌握在自己手中呢？

　　某手机公司很早就宣布将在 9 月 19 日上市一款新机型，为了抢占市场先机，同时压制竞争品牌，公司决定提前一天上市这款新机型。

　　产品发布会上，公司尽可能地向媒体详细介绍了这款产品的设计、功能、质量、体验等方面的信息，现场反响良好。但没想到，在发布会即将结束的时候，有记者突然提出这样一个问题："贵公司为什么选择在 9 月 18 日上市该产品？"

　　日期的选择，对于公司而言，无非是针对同行竞争者，但是有人正式提出这个日期的问题后，整个问题就敏感了。很多人都会将 9 月 18 日与"九一八事变"联系起来，本来纯粹的商业考虑，一下就沾染上了政治、社会等敏感标签。

　　案例中的问题，涉及敏感话题，应对这样的问题，最好不要立即回答，而要尽可能绕过去。因为此类问题的难度，不在于人们是否关心这个问题以及这个问题是不是热点，而在于这类问题本身具有回答"失之毫厘"，听者将产生"谬以千里"的特质。

可以说，类似的敏感问题是一个放大镜，正反效果都能成倍放大，回答得体，效果会出奇地好，你在回答问题时显示出的能力和智慧，也会被人信服；如果回答不好，造成的负面影响便很难挽回。

因此，我们在面对记者提问时，首先要避免这类问题的出现，不能让记者牵着鼻子走，这就要求我们具备营造气场、掌握话语主动权的能力。下面让我们来看看，以口才著称的马云与美国总统奥巴马的对话时，是怎样应对的。

奥巴马："马云，为什么你对气候保护充满热情？"

马云："不是热情，而是深深的担忧促使我对环境和气候变化投入精力。当我 12 岁的时候，我到一个湖里游泳，差点淹死，因为那个湖比我想象的深很多。而 5 年前我故地重游，整个湖都干了。大家身边都有年轻朋友死于癌症，20 年前，几乎没人听说过癌症，而今天，很多家庭，我身边的很多朋友正遭受着癌症的痛苦。"

奥巴马："你觉得，大公司和政府应该如何创造好的环境给年轻的创业者？"

马云："政府很简单，减税就好了，别对年轻创业者收税。"

对于奥巴马的第一个问题，马云举了人们都很熟悉的例子，同时反驳了奥巴马的问题，进而阐述自己的观点。第二个问题，马云用幽默的方式直指问题的本质，所起到的效果就是将问题回抛给了奥巴马。马云通过这样的回答方式，掌控了对话的主动权。

通常，提问者往往更容易掌控沟通的主动权，那么，我们怎样利用回答，扭转局势，在接受记者采访时，将主动权掌握在自己手中呢？

1. 尊重对方。回答记者的问题，首先要态度端正，对提问者保持足够的尊重，不要妄自尊大、盛气凌人，不要武断下结论，这样才能保持沟通的顺畅。

2. 适时回答。在记者提问的过程中，无论提出什么样的问题，我们都要保持良好的情绪，让对方把话说完，优雅而自信的态度本身就是最有力的回答。

3. 集中精力。例如，记者提出关于篮球比赛的问题，你的回答却是有关乒乓球比赛的内容，只会让人啼笑皆非。因此，在回答问题时一定要注意力集中，把握火候，避免出现尴尬局面。

4. 突出重点。回答问题要突出重点，不要滔滔不绝却答不到点子上，导致回答效果大打折扣。只要抓住重点，能一句话概括的，就不要啰唆。

5. 转移话题。遇到难以回答或者回答者兴趣索然时，要学会转移话题。新话题一定要引人注意，这样才会让提问者忘记或放弃上一个问题。

6. 有错就改。回答记者提问的时候，失言总是难免的，尤其是在情绪过于激动时，更容易发生，一旦言语有失，就要根据具体情况进行弥补。当提问者言语有失时，我们也要保持宽容，并积极主动地圆场，保证沟通的顺利进行。

知己知彼——镜头前的问答技巧与应对策略

> 在镜头前回答问题，必须要了解媒体的提问规律及方式，这样才能制定出合理的回答策略。

一次，英国一家电视台采访中国当代青年作家梁晓声，现场拍摄电视采访节目。

忽然，英国的记者让摄像机停下来，对梁晓声说："下一个问题，希望您能毫不迟疑地用'是'或'否'来回答，好吗？"

梁晓声不知是计，欣然答应。

谁知那位英国记者一扬手，遮镜板"啪"的一声响，记者把话筒放到自己嘴边，说道："没有'文化大革命'，就不会产生你们这一代青年作家，那么'文化大革命'在您看来究竟是好是坏？"说完他马上把话筒伸到梁晓声嘴边。

摄像机对准了梁晓声的脸，梁晓声的形象和声音将会由摄像机转告给广大观众。此时，无论梁晓声回答"是"，还是回答"否"，都是笨拙的。可是梁晓声刚才答应了要用最"简洁"的一两个字回答问题，所以，如果不按照应诺的条件回答也不是个办法。看来对方是蓄意要出他的洋相。在这进退维谷之际，梁晓声却不动声色地说："在我回答您这个问题之前，我也想问您一个问题：没有第二次世界大战，也就没有以反映第二次世界大战而著名的作家，那么您认为第二次世界大战是好是坏？"

在这里，梁晓声巧妙地应用了"反弹"的应答技巧，以其人之道，还治其人之身，转败为胜。

应对记者提问时，我们必须要了解记者与媒体的提问规律及方式，才能制定出合理的回答策略。正所谓知己知彼，才能做好充分准备，从容应对，收到四两拨千斤之效，进而夺回话语权，巧妙地应对各种难题。

那么，记者的提问有哪些规律呢？我们应该采用怎样的应对策略呢？

1. 追索——放大。即记者不断地追问某一个新闻事件，在追问过程中不断放大此类事件。应对此类型的提问时，回答者要对有关事件全面了解，准备充分，回答时不要紧张，陈述事实即可。

2. 矛盾——挑战。有些记者会将不相关的几件事物生硬地捏合在一起，做出矛盾式提问，甚至不排除个别记者有"寻暗"的心理。回答这类提问，不要被记者激怒，要善于看到矛盾式提问中记者真正想问的问题，按照自己的逻辑、思路来回答即可。

3. 质询——尖锐。记者以不信任、质疑的态度为前提进行提问。

首先，回答者要清楚，记者提问不是刻意针对你，更不是故意诋毁，毕竟往往问题越刁钻，越能表现记者的水平，甚至会带来一系列的利益。因此，此类问题也给了回答者展示聪明才华的机会，要能够利用好这个机会将自己的智慧充分表现出来，而不是被激怒。

4. 假设——陷阱。也就是记者用"如果""假设""要是"等假设性词语来提问。对于这类问题，应对策略就是不回答假设性问题。

5. 极化——不当推测。记者有时会在提问的过程中，对问及的事情进行推论、推测，其中有些推测是合理的，有些则不是，但是这种不当推理却让人感觉很有道理。应对这类圈套式提问，既可以用直截了当的方式，又可以采用类比、迂回的方式，明确指出其逻辑错误。

6. 推理——归纳演绎。记者以提问方式带领发言人进入思维推理过程，进行某种逻辑关系的推演，目的在于让回答者说出记者想让他说的话。回答这类问题，就需要我们具备强大的逻辑思维能力，在问题中找破绽，不能被记者的逻辑牵着鼻子走。

7. 加强——强迫回答。记者与回答者临时达成共识，先通过提问让回答者认可某些事实，然后根据这些事实用无懈可击的逻辑，使其不能不回答。应对这类问题，我们应保持敏锐的直觉，在回答过程中，随时警惕记者想问的最根源的问题。

另外，当记者提出特殊的、不能回答的或者回答起来有些困难的问题时，回答者不必试图刻意逃避问题，我们可以从事件的另一个方面或者另一领域来强调说明，引导大家的注意力转到与该事物相关的另一件事上。

附录　拿来就能用的高情商接话模板

🎙 日常生活

1. "你的个头有点矮。"

"这不是为了凸显你的高度吗？"

2. （送红包）"请您一定要收下。"

"心意和红包我选最贵的收下啦！"

3. "这件衣服好看吗？"

"比你上次穿那件还好看。"

4. （在 KTV）"你怎么把我歌切了？"

"啊？有人唱啊！我还以为是原唱，没人唱我才切的。"

5. （发消息）"在吗？"

"你先说有什么事，我才好决定在不在。"

6. （女人被问年龄）"你年龄多大了？"

"朋友们都说我看上去像 18 岁，大概和你一样大。哈哈！"

7. "你真有气质。"

"我这点儿气质，跟你的眼光相比不值一提。"

8. "你晒黑了不少。"

"我故意的，因为我不想做个'肤浅'的人。"

9. （陌生人之间）"你长得真漂亮。"

"你不光人长得漂亮，说话也很漂亮。"

10. "你的酒量真好，真能喝！"

"还不是因为'酒逢知己千杯少'？要不是有你陪着，我哪能喝这么多？"

11. "你吃饭了吗？"

"如果你要请客，那我愿意再吃一次。"

12. "这次多谢你帮忙。"

"都是朋友嘛！互相照应，应该的。"

13. "你的电话怎么总是打不通？"

"最近在谈一个 100 块的大生意，资金不够，欠费了。"

14. "今年的情人节你又是自己过的吗？"

"爱自己是终身浪漫的开始。"

15. "不生孩子的女人不完整。"

"是吗？那我得去申请残疾人补贴。"

🎙️ 男女朋友

16. "你的名字真好听。"

"被你念出来好像更好听了。"

17. "你长得真漂亮。"

"我不漂亮怎么能跟你做朋友呢？"

18. （女人被男人夸赞）"你今天的衣服看起来十分漂亮。"

"谢谢。因为要见你嘛，所以要打扮漂亮一些。"

19. （男人被问会不会做饭）"你会做饭吗？"

"晚上去我家就知道了，你肯定不会失望的。"

20. （女人埋怨男人）"你一点儿都不懂我。"

"你的心浩瀚如宇宙，我还没有全部参透。"

21. （男人对女人表白）"我最近好想你。"

"随便想，千万别客气，目前不收费。"

22. （男女表白）"我喜欢你。"

"你会读心术吗？不然怎么知道我心里想什么？"

23. "我最近喜欢上了一个女生。"

"她一定很漂亮。"

"你太自恋了。"

24. （男人被问前女友）"老实说，你有多少个前女友？"

"为了遇见你，我排练了很多次。"

25. "你现在是一个人吗？"

"恐怕半个人要吓坏别人吧！"

26.（网络聊天）"怎么不说话了？"

"你还是不要用真人头像了，总是让人看得入迷，忘了回话。"

27. "在干吗？"

"在想说什么才能让你开心。"

28. "你怎么总是不回我消息？"

"爱是想触碰又收回的手，每次想要和你说话，却抑制不住自己的忐忑和紧张。"

29. "晚安。"

"请穿好睡衣，不然被我梦见会很尴尬。"

30. "我要吃饭了。"

"多吃点，最好胖到没人要，这样你就只属于我一个人了。"

31. "好累呀！"

"在我脑子里跑了一整天，不累才怪！"

32. "你想要什么礼物？"

"你就是上天赐给我最好的礼物。"

33. "你很忙吗？每条信息都回得这么慢。"

"跟重要的人聊天当然要字字斟酌。"

34. "你现在怎么还不结婚？"

"担心你嫁不出去，给你留条后路。"

35. "我不太会聊天。"

"不是不会聊，只是没碰到合适的人，你看我们聊得多好！"

36.（公司聚餐，点菜受到领导表扬）"今天的菜点得不错。"

"主要是领导您选的地方好，这菜怎么点都不出错。"

37.（女同事被领导调侃）"和美女吃饭，还没喝酒就醉了。"

"跟领导一起吃饭，还没沾到酒就先沾到光了。"

38."你奖金最高，请大家吃顿饭呗！"

"我再攒一攒，争取给大家每人买一套房。"

39."你最近工资涨了不少吧？"

"反正没有体重长得多。"

40."你一个月工资多少。"

"不多，不到一个亿吧！"

41."张总和李总你更喜欢谁？"

"领导怎么能用'喜欢'呢？应该用'尊敬'，两位领导我都很尊敬。"

42."大厅的发财树怎么死了？"

"老板，您要发财啦！树都羡慕死了。树死了，就剩发财了。"

43.（被领导问及职务外的工作）"最近流量怎么样？"

"我立马联系直播部门的小王，让他半小时内跟您汇报。"

44."你们的产品价格太高了。"

"以您的身价，我给您拿便宜的，估计您也看不上吧！"

45.（销售被客户敷衍）"好，我再考虑考虑。"

"看来您还是比较重视我们的产品的，确实需要慎重考虑。可以告诉我您考虑的是价格还是效果吗？您直说我不会介意的。"